QUE SAIS-JE ?

Le droit international de la sécurité sociale

S. GÜNTER NAGEL
Chef de Division au Secrétariat Général
du Conseil de l'Europe

CHRISTIAN THALAMY
Fonctionnaire

ISBN 2 13 046367 3

Dépôt légal — 1re édition : 1994, juillet

108, boulevard Saint-Germain, 75006 Paris

INTRODUCTION*

Les Etats définissent souverainement le champ d'application personnel et matériel de leurs lois de sécurité sociale en appliquant soit le principe de la territorialité, soit celui de la personnalité, soit en combinant les deux pour certaines branches de la sécurité sociale. Il en résulte pour l'assuré que le service des prestations de sécurité sociale ne peut être poursuivi à l'étranger, ou qu'en raison de sa nationalité, il ne peut bénéficier de certaines prestations. Dans certains cas extrêmes de conflits de lois, l'intéressé pourrait ainsi être dépourvu de protection sociale ou cumuler des prestations.

Tant que les migrations de populations étaient peu développées et que le droit à la sécurité sociale était quasi inexistant, ces difficultés n'étaient pas résolues au détriment des intéressés, mais à partir du moment où les migrations sont devenues importantes, le problème a pris une acuité particulière.

Le phénomène migratoire n'est pas récent. Depuis l'Antiquité les hommes ont migré et se sont installés dans d'autres pays pour y travailler. Le phénomène migratoire s'est beaucoup accéléré au XIXe siècle. Si, pendant une grande partie du XIXe siècle l'Europe a été une terre d'émigrants qui ont peuplé principalement l'Amérique du Nord et du Sud, au début du XXe siècle l'Europe est devenue terre d'immigration.

* Les opinions exprimées dans cet ouvrage n'engagent que leurs auteurs.

Les zones industrialisées de l'Europe attirent une main-d'œuvre dont l'origine a été essentiellement méditerranéenne (Grecs, Turcs, Yougoslaves, Italiens et Portugais). Toutefois, de nouveaux flux migratoires sont à envisager, notamment, en provenance des pays de l'Europe centrale et de l'Est. Les motifs de ces flux migratoires sont bien connus : en particulier surpopulation locale, pénurie de main-d'œuvre dans les pays européens développés, influence du niveau de vie de ces pays.

Les migrants des premiers temps s'installèrent durablement dans leur pays d'accueil, dont ils acquirent souvent la nationalité. En revanche, depuis 1945 beaucoup de travailleurs étrangers viennent temporairement exercer un emploi, quelquefois en laissant leur famille dans leur pays d'origine, avant de retourner définitivement dans celui-ci.

L'étranger, qui exerce une activité professionnelle régulière dans son pays d'immigration, est généralement soumis à la législation de ce pays. Pendant la durée de son activité dans le pays d'immigration, sa protection sociale ne pose pas de problèmes particuliers, l'intéressé paie des cotisations sociales et reçoit des prestations, dès lors que les conditions d'ouverture du droit sont remplies. En revanche, le transfert de prestations vers son pays d'origine et la protection des membres de sa famille suscitent des difficultés, voire des impossibilités.

Aussi les Etats concernés ont-ils essayé de résoudre ces difficultés en concluant des accords bilatéraux ou multilatéraux de sécurité sociale, afin de garantir à leurs ressortissants respectifs le maintien de certains droits acquis ou en cours d'acquisition. Les accords dans le domaine de la sécurité sociale, fondés sur l'égalité de traitement entre nationaux et ressortissants étrangers, établissent des règles de coordination dont l'effet est de pallier les discordances entre les législations nationales. Si ces traités sont élaborés à partir de principes généraux, édictés dans des accords ou traités de portée générale et reconnus, l'étendue de leur champ d'application personnel et matériel varie beaucoup. En effet, ils tiennent compte du degré de développement des législations nationales. Aussi règne-t-il une très grande diversité dans le domaine des accords internationaux de sécurité sociale.

Le droit international de la sécurité sociale n'a pas pour seule vocation de coordonner des législations nationales. Il consiste également à inciter les Etats à développer leur système de sécurité sociale. En effet, encore actuellement dans de nombreux Etats, la sécurité sociale est peu avancée et ne concerne que certaines catégories de la population.

Aussi en dehors des accords bilatéraux, les premiers textes internationaux ont-ils eu pour objectif de reconnaître l'existence de la sécurité sociale comme un droit de l'homme. Cette reconnaissance fut très lente à atteindre puisque, si le droit à la protection sociale est reconnu dans les constitutions françaises de la période révolutionnaire (Constitution du 3 septembre 1791 et Constitution du 24 juin 1793), il faut attendre la Déclaration dite de Philadelphie du 10 mai 1944 et la Déclaration universelle des droits de l'homme proclamée par l'Assemblée générale des Nations Unies le 10 décembre 1948 pour que cette reconnaissance ait un caractère universel.

Ces textes fort généraux, qui constituent une des sources du droit international de la sécurité sociale, ont pour principal objectif d'améliorer les législations nationales et d'élever le niveau de protection sociale des Etats. Ce faisant, ils facilitent la coordination des systèmes nationaux et constituent les prémices indispensables à l'harmonisation des systèmes de sécurité sociale en établissant des normes minimales que les Etats s'engagent à respecter.

Le droit international de la sécurité sociale regroupe ainsi différents textes :

— des textes déclaratifs affirmant la reconnaissance de l'universalité du droit à la sécurité sociale ;
— des textes normatifs qui assignent des objectifs en imposant des mesures de protection que doivent respecter les Etats qui les ont ratifiés, contribuant ainsi au développement des législations nationales de sécurité sociale ;
— des textes de coordination bilatéraux et multilatéraux aux effets contraignants pour les Etats et générateurs de droits pour les travailleurs migrants concernés.

Les développements suivants traiteront essentiellement des instruments concernant les Etats européens.

Chapitre I

LES ORIGINES DU DROIT INTERNATIONAL DE LA SÉCURITÉ SOCIALE

Le droit de la sécurité sociale a longtemps été confondu avec le droit du travail. L'introduction de la sécurité sociale dans l'harmonisation internationale du droit social est apparue seulement vers la fin du XIXe siècle après l'adoption des premières législations d'assurance sociale. Sous l'influence du mouvement syndical, à l'occasion de ses réunions et à la lumière de ses résolutions, la sécurité sociale s'est lentement émancipée pour enfin trouver sa consécration dans l'élaboration des clauses ouvrières du traité de Versailles du 28 juin 1919.

Cette évolution consacrait la reconnaissance du droit à la sécurité sociale comme droit de l'homme.

Ce bref aperçu historique serait incomplet, s'il ne faisait mention des premières tentatives de coordination des législations de protection sociale en faveur des étrangers qui remontent à la Convention du 13 août 1827 conclue entre la France et le duché de Parme pour garantir le service des pensions dues par l'un des deux Etats aux ressortissants de l'autre, au titre de la réciprocité et sans clause de résidence.

Si cette Convention peut être considérée comme le premier accord international, le vrai point de départ des relations internationales de sécurité sociale est constitué par la conclusion le 15 avril 1904 de la Convention franco-italienne destinée à assurer, sur le fondement de la réciprocité, aux ressortissants des deux Etats le bénéfice des assurances sociales et les progrès de la législation ouvrière.

I. — Les premiers accords de coordination

L'introduction de la protection sociale des étrangers dans le champ du droit international s'effectue au cours du XIXe siècle. Traditionnellement la protection de ses ressortissants à l'étranger par un Etat consistait en une extension des obligations de la puissance publique à l'égard de ses nationaux à l'étranger. Fondée sur l'égalité de traitement et la réciprocité, la protection sociale des ressortissants à l'étranger constitua un progrès décisif quant aux garanties accordées aux personnes protégées.

Au début du XXe siècle, les préoccupations du mouvement syndical et associatif, et notamment celles de l'Association internationale pour la protection légale des travailleurs, devaient conduire à l'élaboration de dispositions juridiques garantissant la protection sociale des travailleurs étrangers.

C'est ainsi que la Convention franco-italienne du 15 avril 1904 réalise une ébauche de coordination internationale des législations d'assurance sociale et prépare le développement ultérieur des accords concernant la sécurité sociale des travailleurs migrants. Selon le préambule de cette Convention les objectifs recherchés par les parties signataires, étaient les suivants :

- faciliter à leurs nationaux travaillant à l'étranger la jouissance de leur épargne et les faire bénéficier des assurances sociales ;
- garantir aux travailleurs le maintien des mesures de protection déjà édictées en leur faveur et consacrées

au progrès de la législation ouvrière. La Convention devait essentiellement régler le problème de la coordination des législations françaises et italiennes relatives à la réparation des accidents du travail. La conclusion d'un tel accord avait été rendue nécessaire, car la France accueillait à cette époque un important contingent de travailleurs migrants italiens.

La Convention était fondée sur deux principes fondamentaux que l'on retrouve dans tous les accords internationaux de sécurité sociale à savoir :

— l'égalité de traitement pour le bénéfice de la législation nationale ;
— le maintien des droits acquis en faveur des victimes ou de leurs ayants droit qui venaient à transférer leur résidence ou qui résidaient normalement sur le territoire du pays autre que le pays dans lequel ils étaient employés (pays d'emploi ou pays compétent pour le service de la prestation).

Ces deux principes avaient déjà été reconnus par le droit international, soit dans le cadre de différentes conventions bilatérales d'assistance conclues au cours du XIXe siècle, soit par la Convention du 13 août 1827 entre la France et le duché de Parme en matière de pension.

Cette Convention franco-italienne devait servir de modèle aux différents accords dans le domaine de la sécurité sociale jusqu'à l'adoption de la Convention n° 19 de l'Organisation internationale du travail (OIT) qui consacra en 1925 le principe de l'égalité de traitement.

En application du principe du maintien des droits acquis, et bien que les régimes obligatoires d'assurance vieillesse n'aient pas encore été institués tant en France qu'en Italie, la Convention prévoyait l'admission du travailleur salarié ressortissant de l'une des deux parties à l'assurance pension et garantissait le paiement des pensions acquises sur le territoire de l'autre Etat.

Les modalités pratiques de l'application de l'article 1er, alinéa *d)* qui visait à assurer aux nationaux respectifs le bénéfice réciproque de la législation en vigueur sur la réparation des dommages résultant des accidents du travail furent précisées dans un arrangement du 9 juin 1906. Un deuxième arrangement sur les pensions ouvrières fut conclu le 9 août 1910, il réglait l'application de l'article 1er, alinéa *b)* après l'instauration des législations d'assurances pension dans les deux Etats.

Les dispositions de l'arrangement relatives au maintien des droits à pension accordaient aux travailleurs salariés concernés soit la possibilité de demeurer affiliés et de verser leurs cotisations auprès de la caisse nationale de leur pays d'origine d'une part, soit la possibilité pour la caisse débitrice des rentes (caisse du pays d'emploi) de transférer les réserves mathématiques et la charge du paiement des arrérages à la caisse nationale du pays de résidence des bénéficiaires d'autre part.

De nombreuses conventions furent conclues après cet accord de 1904, elles concernaient essentiellement l'égalité de traitement et la coordination des législations relatives à la réparation des accidents du travail. Elles s'inspiraient des principes de la Convention franco-italienne. Toutefois, le développement de ces accords engendra une amélioration des formules de coordination et des mesures d'application. C'est ainsi qu'est apparu dès 1905, dans la Convention belgo-luxembourgeoise, le principe de l'entraide administrative entre les parties signataires.

L'essor du droit international de la protection sociale par l'intermédiaire d'instruments bilatéraux devait être freiné par la Première Guerre mondiale.

Toutefois, l'activité déployée au cours de la première décennie du XXe siècle devait inspirer la création de l'OIT qui allait donner un nouvel élan au droit international de la sécurité sociale entre les deux guerres, en proposant des conventions de coordination et de caractère normatif.

II. — Les instruments à caractère déclaratif et normatif

Si la reconnaissance du droit à la sécurité sociale comme droit de l'homme ne s'est réellement concrétisée qu'au début du XXe siècle, les préoccupations des Etats quant à la protection sociale remontent aux premières constitutions de la République française et à la Déclaration des droits de l'homme et du citoyen du 24 juin 1793 : *« Les secours publics sont une dette sacrée. La société doit la subsistance aux citoyens malheureux soit en leur procurant du travail, soit en assurant les moyens d'existence à ceux qui sont hors d'état de travailler »,* il faut, toutefois, attendre la déclaration concernant les buts et objectifs de l'Organisation internationale du travail (OIT) dite de Philadelphie du 10 mai 1944, la Déclaration universelle des droits de l'homme proclamée par l'Assemblée générale des Nations Unies du 10 décembre 1948 et le Pacte international relatif aux droits économiques, sociaux et culturels adopté par l'Assemblée générale des Nations Unies le 16 décembre 1966 : *« Les Etats parties au présent Pacte reconnaissent le droit de toute personne à la sécurité sociale, y compris les assurances sociales »* (art. 9), pour que le droit à la sécurité sociale soit reconnu comme droit de l'homme.

La voie avait été, néanmoins, tracée après le premier conflit mondial par le préambule de la partie XIII du traité de Versailles du 28 juin 1919 formant constitution originelle de l'Organisation internationale du travail. Ce préambule confirmait, en effet, parmi les conditions de travail dont l'amélioration était considérée comme urgente : « La protection des travailleurs contre les maladies générales ou professionnelles et les accidents résultant du travail, la protection des enfants, des adolescents et des femmes, les pensions de vieillesse et d'invalidité. »

L'analyse de ces textes internationaux montre une évolution progressive de la conception du droit à la sécurité sociale. Conçu à l'origine comme un droit du travailleur, la protection étant alors étroitement associée aux conditions de travail, le droit à la sécurité sociale s'élargit dans la Déclaration universelle des droits de l'homme, en un droit reconnu à toute personne.

Le passage d'un droit théorique à un droit réel en matière de sécurité sociale s'est traduit non seulement dans l'orientation des textes de principe mais aussi dans leur nature juridique.

C'est ainsi que l'évolution a conduit des déclarations aux pactes et chartes, c'est-à-dire de textes à caractère déclaratif n'impliquant aucune contrainte pour les Etats qui y souscrivaient, à des textes à caractère conventionnel comportant des obligations soumises à la ratification, à l'adhésion ou à l'approbation des Etats et à un contrôle des organisations internationales compétentes.

Cette évolution est très nettement illustrée par deux instruments aux conséquences juridiques radicalement différentes tels que la Déclaration universelle des droits de l'homme et le Pacte international relatif aux droits économiques, sociaux et culturels. Dans le cadre du Pacte international, les Parties doivent faire état des progrès accomplis dans l'application des dispositions du Pacte par l'information du Conseil économique et social et de l'Assemblée générale des Nations Unies, qui peuvent prendre des recommandations d'ordre général. Alors que la Déclaration universelle des droits de l'homme ne contient aucune disposition impérative devant s'insérer immédiatement et obligatoirement dans l'ordre juridique interne des Etats. Le Pacte international, bien que vague, réalise un progrès important dans la mise en œuvre des principes généraux du droit aux prestations sociales puisqu'il comporte des obligations soumises à la ratification des pays membres. Ces ratifications intervenues, les pays concernés devront respecter leurs engagements et se soumettre aux procédures de contrôle.

Aussi bien souvent les Etats hésitent-ils à ratifier de tels instruments qui peuvent constituer par la suite un frein pour des modifications dans un sens restrictif de leur législation, car il est bien difficile d'afficher, *urbi* et *orbi,* que sa législation sociale régresse.

Chapitre II

LES INSTRUMENTS INTERNATIONAUX EN FAVEUR DU DÉVELOPPEMENT DES LÉGISLATIONS NATIONALES : LES INSTRUMENTS NORMATIFS

I. — Les instruments de l'Organisation internationale du travail

L'action normative de l'OIT s'articule autour de textes adoptés : *a)* entre 1919 et 1936, inspirés de la notion d'assurance et protégeant certaines catégories de travailleurs ; *b)* à partir de 1944 et fondés sur la conception élargie de la sécurité sociale visant à garantir un revenu de base ainsi qu'une protection médicale ; *c)* en 1952, lesquels établissent des normes d'ensemble de la sécurité sociale ; *d)* à partir de 1952, qui visent à compléter les normes antérieures.

Les premiers textes adoptés dans le domaine de l'assurance sociale ont été la Convention (n° 2) sur le chômage et la Convention (n° 3) sur la protection de la maternité en 1919. En 1920 fut adoptée la Convention (n° 8) sur les indemnités de chômage en cas de naufrage ; en 1921, la Convention (n° 12) sur la réparation des accidents de travail (agriculture) et en 1925 la Convention (n° 17) sur la réparation des accidents de travail, la Convention (n° 19) sur l'égalité de traitement (accident de travail) et la Convention (n° 18) sur les maladies professionnelles, révisée en 1934. Des recommandations ont également été adoptées pour compléter les conventions précitées. Il s'agit de la

Recommandation (n° 1) sur le chômage, 1919 ; (n° 22) et (n° 23) portant sur la réparation des accidents du travail (indemnités et juridiction), 1925 ; (n° 24) sur les maladies professionnelles, 1925 ; et (n° 25) sur l'égalité de traitement (accident du travail), 1925.

A partir de 1927, des conventions spécifiques à certaines branches d'activité ont été adoptées :

La Convention (n° 24) sur l'assurance maladie (industrie), et la Convention (n° 25) sur l'assurance maladie (agriculture). En 1933 furent adoptées, à chaque fois pour les secteurs de l'industrie et de l'agriculture, les Conventions (nos 35 à 40) portant sur l'assurance vieillesse, l'assurance invalidité et l'assurance décès et en 1934 la Convention (n° 44) sur le chômage prévoyant le versement d'indemnités ou d'allocations. Les Conventions nos 24 et 25 ont été complétées par la Recommandation (n° 29) sur l'assurance maladie, 1927 et les Conventions nos 35 à 40 par la Recommandation (n° 43) sur l'assurance invalidité-vieillesse-décès 1934, et la Convention (n° 44) par la Recommandation (n° 44) du chômage de 1934. En faveur des gens de mer et en complément de la Convention (n° 8), deux Conventions de caractère plus général ont été adoptées en 1936 : la Convention (n° 55) sur les obligations de l'armateur en cas de maladie ou d'accident des gens de mer et la Convention (n° 56) sur l'assurance maladie des gens de mer.

La Déclaration de Philadelphie adoptée vers la fin de la Deuxième Guerre mondiale par la Conférence internationale du travail (le 10 mai 1944), la Recommandation (n° 67) sur la garantie des moyens d'existence, 1944, et la Recommandation (n° 69) sur les soins médicaux, 1944, ont ouvert une nouvelle phase menant vers une conception plus large de la sécurité sociale. Elles ont eu pour conséquence l'adoption en 1952 de la Convention (n° 102) concernant la sécurité sociale (norme minimum).

Tandis que les conventions précédentes se limitaient

soit à une branche particulière de l'assurance sociale, soit à un grand secteur d'activité économique, la Convention (n° 102) définit un système global de sécurité sociale comprenant les neuf branches classiques de la sécurité sociale, à savoir : soins médicaux, indemnités de maladie, prestations de chômage, prestations de vieillesse, prestations en cas d'accidents du travail et de maladies professionnelles, prestations aux familles, prestations de maternité, d'invalidité et de survivants. Les Etats souhaitant ratifier cette Convention doivent accepter au moins trois branches dont obligatoirement une branche parmi les suivantes : chômage, vieillesse, lésions professionnelles, invalidité et survivants. Etant donné que le Code européen de sécurité sociale du Conseil de l'Europe est quasiment calqué sur cette convention, il convient de se reporter pour plus de détails à ce dernier. Il faut cependant souligner la vocation mondiale de l'OIT qui comprend des Etats membres avec des systèmes socio-économiques plus ou moins développés. C'est pourquoi la Convention n° 102 permet à des Etats dont l'économie et l'infrastructure médicale n'ont pas atteint un niveau de développement suffisant de bénéficier de dérogations à certaines dispositions. Il s'agit, par exemple, de dispositions concernant le champ d'application personnel, les soins médicaux, et la durée des prestations.

Lors de sa 80e session (Genève, 1993), la Conférence internationale du travail a adopté une « Résolution concernant la protection sociale et l'atténuation du chômage et de la pauvreté, et la dimension sociale de l'ajustement structurel et la transition vers l'économie de marché ».

Les gouvernements sont, notamment, invités : à intégrer des mesures de protection sociale au stade du lancement, de la conception et de la mise en œuvre des programmes d'ajustement structurel et des programmes de transition vers une économie de marché ;

à étendre la protection sociale afin d'assurer un revenu de base à tous ceux qui en ont besoin et de mettre en œuvre des mécanismes d'assistance sociale visant à pallier les conséquences de la pauvreté et à promouvoir des systèmes de protection sociale fondés sur les principes d'assurance, de solidarité et de responsabilité, avec la participation des organisations d'employeurs et de travailleurs.

La ratification d'une convention de l'OIT entraîne pour les Etats deux sortes d'obligation : une obligation de fond, c'est-à-dire appliquer les normes fixées par la convention en modifiant, le cas échéant, leur législation et une obligation de forme, en fournissant, périodiquement, des rapports du BIT (Bureau international du travail) sur son application. Les rapports sont examinés par les instances de contrôle qui formulent ensuite leurs conclusions.

Les conventions non ratifiées et les recommandations font également l'objet d'obligations de la part de tous les Etats membres de l'OIT. En effet, ils doivent faire un rapport à leur sujet.

II. — Les instruments du Conseil de l'Europe

1. **La Charte sociale européenne.** — Le 20 mai 1954, le Comité des ministres adressa à l'Assemblée consultative du Conseil de l'Europe[1] un message spécial dans

1. *a)* Les Etats membres du Conseil de l'Europe au 1er octobre 1993 : Allemagne, Autriche, Belgique, Bulgarie, Chypre, Danemark, Espagne, Estonie, Finlande, France, Grèce, Hongrie, Irlande, Islande, Italie, Liechtenstein, Lituanie, Luxembourg, Malte, Norvège, Pays-Bas, Pologne, Portugal, Roumanie, République slovaque, République tchèque, Royaume-Uni, Saint-Marin, Slovénie, Suède, Suisse, Turquie.

b) Le Comité des ministres : le Comité des ministres se compose des 32 ministres des Affaires étrangères des Etats membres du Conseil de l'Europe et se réunit deux fois par an. Dans l'intervalle se réunissent des Délégués des ministres qui sont habilités à traiter de toute question relevant de la compétence du Comité des ministres et à prendre des décisions en son nom.

lequel il souhaitait que fût élaborée « une Charte sociale européenne ayant pour objet de fixer les objectifs sociaux que les membres s'efforceront d'atteindre et de guider l'action du Conseil dans le domaine social. Cette Charte constituerait dans ce domaine le pendant de la Convention européenne des droits de l'homme et des libertés fondamentales ».

En effet, lors de l'élaboration de ce dernier traité, le plus important de tous les traités élaborés au sein du Conseil de l'Europe, il s'est avéré indispensable de n'inclure dans ce dernier que les droits civils et politiques et de consacrer un autre traité aux droits sociaux et économiques.

Bien que la « Déclaration universelle des droits de l'homme » des Nations Unies de 1948, qui a considérablement inspiré la rédaction de la Charte ainsi que les nombreuses conventions élaborées au sein de l'Organisation internationale du travail, soit le premier instrument international à avoir formulé certains droits sociaux tels que « le droit à la sécurité sociale », la Charte sociale européenne « est historiquement le premier traité international spécialement destiné à protéger les droits économiques et sociaux de l'individu » (H. Wiebringhaus) dans une conception globale. Les débats sur le projet de Charte qui ont eu lieu lors d'une conférence européenne des gouvernements et des partenaires sociaux, convoquée en 1958 à Strasbourg en coopération avec l'Organisation internationale du travail ont profondément influencé la rédaction finale de ce texte, notamment en imposant un noyau dur d'obligations, la reconnaissance du droit de grève et l'engagement de mener une politique de plein emploi.

La Charte fut signée à Turin le 18 octobre 1961 et est entrée en vigueur le 26 février 1965 après avoir été ratifiée par cinq Etats.

Elle se compose d'un préambule, de cinq parties et d'une annexe.

Le préambule précise que la jouissance des droits sociaux doit être assurée sans discrimination et qu'il faut tendre à améliorer le niveau de vie et à promouvoir le bien-être des populations des Etats contractants.

Dans la première partie, les Etats doivent s'efforcer de poursuivre la réalisation des conditions propres à assurer l'exercice effectif de 19 droits et principes, dont en particulier le droit à la sécurité sociale pour les travailleurs et leurs ayants droit.

La deuxième partie comprend 19 articles correspondant aux 19 droits et principes de la première partie et répertorie les engagements que les Etats contractants doivent prendre pour assurer l'exercice effectif des divers droits, à savoir : le droit au travail, à des conditions de travail équitables, à la sécurité et à l'hygiène dans le travail, à une rémunération équitable, le droit syndical, le droit de négociation collective, le droit des enfants, des adolescents et des travailleuses à la protection, le droit à l'orientation et à la formation professionnelle, le droit à la protection de la santé, le droit à la sécurité sociale et à l'assistance sociale et médicale, le droit au bénéfice des services sociaux, le droit des personnes physiquement ou mentalement diminuées à la formation professionnelle et à la réadaptation professionnelle et sociale, le droit de la famille à une protection sociale, juridique et économique, de la mère et de l'enfant à une protection sociale et économique, le droit à l'exercice d'une activité lucrative sur le territoire des autres Parties contractantes et le droit des travailleurs migrants et de leurs familles à la protection et à l'assistance.

La troisième partie contient l'étendue des engagements à prendre ; l'Etat doit au moins accepter 10 des 19 articles ou 45 des 72 engagements de la deuxième partie étant entendu que 5 articles doivent être choisis parmi le noyau dur des 7 articles suivants : le droit au travail, le droit syndical, le droit de négociation collective, le droit à la sécurité sociale, le droit à l'assistance sociale et médicale, le droit de la famille à une protection sociale, juridique et économique, le droit des travailleurs migrants à la protection et à l'assistance.

La quatrième partie contient les dispositions relatives au système de contrôle international des dispositions acceptées ou non acceptées. Le système de contrôle est mis en œuvre par les quatre organes suivants : un comité d'experts indépendants, un comité gouvernemental, l'Assemblée consultative et le Comité des ministres et repose sur l'examen de rapports nationaux et d'observations sur ces rapports formulées par certaines organisations nationales d'employeurs et de travailleurs.

Un représentant de l'Organisation internationale du travail peut participer à titre consultatif aux travaux du Comité d'experts indépendants et des observateurs de deux organisations internationales d'employeurs et de travailleurs peuvent participer, à titre consultatif, aux travaux du Comité gouvernemental. Enfin, le Comité des ministres peut formuler toute recommandation nécessaire à chacune des Parties contractantes.

La cinquième partie contient entre autres des dispositions relatives aux dérogations en cas de guerre ou de danger public, à la relation entre la Charte et le droit interne ou les accords internationaux, à la mise en œuvre de la Charte au moyen de conventions collectives et aux clauses finales. L'annexe à la Charte contient une définition du champ d'application personnel de la Charte et une interprétation de certains articles (dont l'article 12, p. 4).

A l'heure actuelle, la Charte est ratifiée par 20 Etats, à savoir : Autriche, Belgique, Chypre, Danemark, Finlande, France, Allemagne, Grèce, Islande, Irlande, Italie, Luxembourg, Malte, Pays-Bas, Norvège, Portugal, Espagne, Suède, Turquie et Royaume-Uni. A l'exception de la Belgique, de la France, de l'Italie et des

Pays-Bas, du Portugal et de l'Espagne[1] qui ont accepté toutes les dispositions, les autres pays ont accepté un nombre variable d'engagements.

Le Protocole additionnel à la Charte fut adopté suite à la Déclaration sur les droits de l'homme du 27 avril 1978, dans laquelle les Etats membres du Conseil de l'Europe décidaient « d'explorer les possibilités d'élargir les listes des droits individuels ». Les nouveaux droits figurent au Protocole additionnel à la Charte ouvert à signature le 5 mai 1988 et entré en vigueur le 4 septembre 1992.

Il s'agit du :

— droit à l'égalité des chances et de traitement en matière d'emploi et de profession, sans discrimination fondée sur le sexe ;
— droit des travailleurs à l'information et à la consultation au sein de l'entreprise ;
— droit des travailleurs de prendre part à la détermination et à l'amélioration des conditions de travail et du milieu du travail ;
— droit des personnes âgées à une protection sociale.

Les Etats qui souhaitent ratifier ce Protocole doivent au moins accepter un article. L'examen de l'application des dispositions acceptées est confié aux mêmes organes de contrôle de la Charte.

A l'heure actuelle le Protocole est ratifié par la Finlande, la Norvège, les Pays-Bas et la Suède.

Les diverses mesures prises depuis de nombreuses années et visant essentiellement à rationaliser les systèmes de contrôle se sont révélées insuffisantes, d'où la nécessité d'adopter un protocole portant amendement à la Charte sociale européenne.

1. L'Espagne a dénoncé une demi-disposition (art. 8, p. 46), les Pays-Bas et le Portugal ont formulé une réserve au regard de l'article 6, § 4 (droit aux actions collectives).

Un Comité pour la relance de la Charte sociale européenne créé en 1990 fut chargé d'élaborer des propositions visant à améliorer la Charte sociale et son fonctionnement. Le Protocole portant amendement à la Charte sociale européenne fut ouvert à la signature le 21 octobre 1991 à Turin ; il est ratifié à l'heure actuelle par Chypre, la Norvège, les Pays-Bas, le Portugal et la Suède.

Le Protocole modifie sensiblement la partie IV de la Charte consacrée au mécanisme de contrôle. Il ne peut entrer en vigueur qu'après sa ratification par toutes les Parties contractantes. Toutefois, la Conférence ministérielle sur la Charte sociale européenne (Turin, 21-22 octobre 1991) demande, dans sa résolution finale, aux Etats contractants et aux organes de contrôle de la Charte d'appliquer certaines mesures prévues par le Protocole, avant même son entrée en vigueur.

Le droit à la sécurité sociale figure à la fois dans les 1re et 2e parties de la Charte.

Le douzième principe de la première partie est formulé comme suit : « Tous les travailleurs et leurs ayants droit ont droit à la sécurité sociale. » La référence aux seuls travailleurs s'explique par la conception de la sécurité sociale dominante au cours de l'élaboration de la Charte à savoir celle de l'assurance sociale (système bismarckien) et du fait que l'assistance sociale, qui fait partie du système Beveridge de sécurité sociale, est traitée à l'article 13 de la Charte. De plus, la notion de « travailleurs » ne se limite pas aux seuls salariés mais comprend également les travailleurs indépendants. En outre, bien que la partie I soit parfois considérée comme purement déclarative, il ne faut pas sous-estimer le fait qu'elle « renferme un certain nombre d'obligations juridiques pour les Etats » (H. Wiebringhaus).

L'article 12 fait partie du noyau dur de la Charte. Il

précise les engagements à prendre pour assurer l'exercice effectif du droit à la sécurité sociale. Les engagements prévoient pour les Parties contractantes :

1) l'établissement ou le maintien d'un régime de sécurité sociale ;
2) le maintien d'un régime de sécurité sociale satisfaisant au moins égal à celui nécessaire pour la ratification de la Convention n° 102 de l'OIT ;
3) l'amélioration progressive du régime de sécurité sociale ;
4) l'égalité de traitement des ressortissants des Parties contractantes en matière de sécurité sociale.

Toutes les Parties contractantes de la Charte ont accepté l'article 12 dans sa totalité à l'exception de l'Irlande (qui n'a pas accepté le 2e engagement), de Malte (2e et 4e), de la Suède (4e) et du Royaume-Uni (2e, 3e et 4e).

En ce qui concerne le contenu de ces engagements, il y a lieu de :

— constater que le texte anglais de la Charte utilise le terme « système » et non pas « régime ». En se référant à la notion anglaise ainsi qu'aux travaux préparatoires, l'on pourrait admettre qu'il s'agisse d'un ensemble relativement flou de dispositions nationales destinées à protéger l'ensemble des personnes visées (...) contre les risques majeurs pris en compte par la sécurité sociale (H. Wiebringhaus) ;
— relever que les Parties contractantes doivent accepter trois des parties substantielles de la Convention n° 102 de l'OIT dont les dispositions doivent s'appliquer aux nationaux des Etats contractants et aux étrangers. Il faut préciser que la référence à la Convention n° 102 de l'OIT s'explique par le fait que l'instrument européen du Conseil de l'Europe, le Code européen de sécurité sociale, n'avait pas

encore été adopté lors de la signature de la Charte sociale ;
— constater que le Comité des ministres du Conseil de l'Europe a estimé que l'effort maximum pouvant être demandé aux gouvernements en vertu du troisième engagement est d'atteindre le niveau requis pour la ratification du Protocole au Code européen de sécurité sociale.

Le quatrième engagement concerne la coordination de la législation en matière de sécurité sociale et sera traité sous ce chapitre.

L'article relatif au droit à la sécurité sociale est complété par les articles 11 (droit à la protection de la santé) et 13 (droit à l'assistance sociale et médicale).

L'assistance sociale est, selon la conception large et « non bismarckienne », comprise dans la sécurité sociale ; la Charte la traite cependant d'une manière séparée. Des difficultés surgissent dans ce contexte étant donné que certaines prestations sociales nouvelles peuvent être soit rattachées à la sécurité sociale, soit à l'assistance sociale, soit aux deux, soit être considérées comme des « prestations *sui generis* ».

Quant à l'impact de la Charte sociale européenne sur les législations nationales et le respect des engagements pris, on peut observer, à titre d'exemple : la réforme de la loi sur les assurances sociales à Chypre, entrée en vigueur le 1er janvier 1973, qui a institué un véritable régime de sécurité sociale dans ce pays pour répondre aux exigences du § 1 de l'article 12, et en Espagne, la loi du 31 juillet 1985 qui a supprimé une condition restrictive *(de alta)* en matière d'attribution de certaines pensions, conformément à l'article 12, § 2 et 3.

2. **Le Code européen de sécurité sociale et son Protocole.** — L'élaboration du Code européen de sécurité sociale et de son Protocole remonte à une proposition

faite par l'Assemblée consultative du Conseil de l'Europe en 1950 (Recommandation n° 28 du 24 avril 1950). Dans ce texte, l'Assemblée s'est prononcée « en faveur de la création d'un Code européen de sécurité sociale qui aurait pour effet non pas d'uniformiser la législation de sécurité sociale dans les divers pays, mais de porter partout par différentes méthodes la sécurité sociale à un niveau également élevé ». De plus, l'Assemblée était d'avis « que ce Code devrait être préparé sous la forme d'une Convention par le Conseil de l'Europe en collaboration avec l'OIT ».

Pendant les travaux préparatoires du Code, l'OIT a adopté en 1952 la Convention (n° 102) concernant la sécurité sociale (norme minimum). Celle-ci se rapprochait fortement par son caractère et sa portée du Code envisagé au sein du Conseil de l'Europe. Le Comité des ministres décida alors qu'il devrait être fondé sur cette Convention de l'OIT. Il convenait de plus que le Code n'atteindrait pas son but s'il n'établissait pas un niveau de sécurité sociale plus élevé que celui fixé par la Convention (n° 102) de l'OIT. En conséquence, par sa Résolution n° 13 du 11 septembre 1954, le Comité des ministres décida de faire préparer un protocole additionnel prévoyant un niveau plus élevé de sécurité sociale. Le Protocole devait constituer le « niveau européen » de sécurité sociale que tous les Etats membres du Conseil de l'Europe devaient s'efforcer d'atteindre. Un projet de Code européen de sécurité sociale et de son Protocole fut soumis au Comité des ministres, adopté le 11 mars 1964 et ouvert à la signature le 16 avril de la même année.

Le Code comprend un préambule, quatorze parties, une annexe et deux addenda ; le Protocole comprend un préambule, quatre titres et un addendum.

Le préambule du Code fait référence au but du Conseil de l'Europe qui est, notamment, de créer une union plus étroite entre ses membres afin de favoriser leur progrès social, aux objectifs du programme social du Conseil de l'Europe qui vise à encourager les membres à développer davantage leur système de sécurité sociale, à l'opportunité d'harmoniser les charges sociales des pays membres, et à la nécessité d'établir un Code contenant des normes plus élevées que la Convention (n° 102) de l'OIT.

La partie I contient les définitions de certains termes utilisés dans cet instrument, et des dispositions concernant les conditions de ratification : le Code contient des parties obligatoires et des parties facultatives. Les parties I (Dispositions générales), XI (Calcul des paiements périodiques, XII (Dispositions communes), XIII (Dispositions diverses) et XIV (Dispositions finales) sont obligatoires. Les parties II à X sont des parties facultatives et contiennent les normes relatives aux neuf branches classiques de la sécurité sociale (Soins médicaux, Indemnités de maladie, Prestations de chômage, de vieillesse, en cas d'accidents du travail et de maladies professionnelles, aux familles, de maternité, d'invalidité et de survivants). Les Etats qui souhaitent ratifier le Code doivent accepter six au moins de ces parties, étant entendu que la partie des soins médicaux compte pour deux et la partie des prestations de vieillesse pour trois parties. Les Etats qui ne remplissent pas intégralement ces conditions de ratification peuvent avoir recours à une formule de souplesse. Ils peuvent accepter des parties supplémentaires à des stades ultérieurs, en fonction du développement de leur législation.

En outre, il est prévu que les Parties contractantes peuvent prendre en compte pour les diverses parties — et ceci sous certaines conditions — la protection résultant d'assurances non obligatoires (par exemple les prestations complémentaires en assurance maladie).

Les parties II à X comportent pour les neuf branches de la sécurité sociale mentionnées ci-dessus des dispositions spécifiques précisant :

a) Le champ d'application matériel de chaque genre de prestation, en délimitant les éventualités couvertes (par exemple en matière de soins médicaux, l'éventualité couverte comprend tout état morbide quelle qu'en soit la cause, la grossesse, l'accouchement et leurs suites ; en cas de prestations d'invalidité, il s'agit de « l'inaptitude à exercer une activité professionnelle, d'un degré prescrit, lorsqu'il est probable que cette inaptitude sera permanente ou lorsqu'elle subsiste après la cessation de l'indemnité de maladie »).

b) Le champ d'application personnel, en déterminant le cercle de personnes protégées. D'une manière générale, les personnes protégées doivent comprendre, pour les diverses prestations, soit des catégories prescrites (définies par la législation nationale) de salariés, formant au total 50 % au moins de l'ensemble des salariés, soit des catégories prescrites de la population active formant au total 20 % au moins de l'ensemble des résidents, soit des catégories prescrites de résidents formant au total 50 % au moins de l'ensemble des résidents, soit tous les résidents dont les ressources n'excèdent pas les limites prescrites ; dans certains cas, les épouses et les enfants, par exemple, s'ajoutent aux catégories de personnes protégées (en cas de maternité, sont protégées les femmes appartenant aux catégories visées et pour les prestations médicales de maternité, également les épouses des hommes appartenant à ces catégories) ; en cas de prestations de survivant sont protégées soit les épouses et les enfants des personnes appartenant aux catégories visées, soit toutes les veuves et tous les enfants qui ont perdu leur soutien de famille et dont les ressources n'excèdent pas des limites prescrites.

c) Le genre de prestations à servir et la méthode de calcul des prestations en espèces. Les prestations, à l'exception des soins médicaux (ceux-ci sont également accordés dans les branches accidents de travail, maladies professionnelles et maternité) et de certaines prestations familiales, sont des prestations en espèces dont les montants (à l'exception des prestations aux familles) sont calculés selon les dispositions de la partie XI (cf. ci-dessous). Les autres prestations, les prestations en nature (soins médicaux), sont énumérées d'une manière détaillée.

d) Les conditions d'octroi des prestations, en fixant notamment la durée maximum du stage. Pour les soins médicaux et les prestations de maladie, de chômage et de maternité, un stage peut être admis pour éviter les abus. En matière de prestations aux familles, le stage peut consister soit en un mois de cotisation ou d'emploi, soit en six mois de résidence ; pour les prestations de vieillesse à taux plein, il ne peut pas excéder trente années de cotisation ou d'emploi ou vingt années de résidence et pour les prestations d'invalidité ou de survivant à taux plein, il peut s'élever à quinze années de cotisation ou d'emploi ou de dix années de résidence.

e) La durée du droit aux prestations et, le cas échéant, les délais de carence. En matière de soins médicaux, d'indemnité de maladie, de chômage et de maternité, la prestation peut être limitée à une certaine durée ; les autres prestations sont servies tant que dure l'éventualité. Des délais de carence sont admis pour certaines prestations et un remplacement des prestations d'invalidité par des prestations de vieillesse est permis.

La partie XI contient les dispositions relatives au calcul des paiements périodiques, à l'exception de ceux des prestations aux familles ; ces dispositions tiennent compte des divers systèmes de protection en Europe.

Lorsque la prestation est calculée en fonction du gain antérieur, tout montant, majoré des éventuelles allocations familiales, doit correspondre, pour le bénéficiaire type, au pourcentage indiqué (dans le Code) du gain antérieur, plus les allocations familiales. Le bénéficiaire type est selon l'éventualité, soit un homme ayant une épouse et deux enfants, soit un homme ayant une épouse d'âge à pension, soit une veuve ayant deux enfants, soit une femme. Les pourcentages pour le calcul des prestations varient pour les différentes éventualités entre 40% et 50%. Un plafond peut être fixé pour le montant de la prestation ou le montant du gain pris en considération. La prestation pour l'éventualité concernée ne peut, toutefois, pas être inférieure à la norme fixée par le Code pour un ouvrier masculin qualifié.

En cas d'attribution de prestation d'un montant uniforme, celui-ci, majoré des allocations familiales, doit correspondre au pourcentage fixé par le Code du salaire d'un manœuvre ordinaire adulte masculin (défini par le Code) majoré des allocations familiales.

Dans les deux cas, les montants attribués pour la vieillesse, les accidents du travail et les maladies professionnelles, l'invalidité ou le décès du soutien de famille doivent être révisés suite aux variations du niveau général des gains, dues aux variations du coût de la vie.

Lorsque tous les résidents, dont les ressources n'excèdent pas des limites prescrites, sont protégés, le montant des prestations doit être fixé selon un barème prescrit ; ce montant peut être réduit lorsque les autres ressources du bénéficiaire dépassent des montants substantiels prescrits. En tous les cas, le total de la prestation, majoré des autres ressources, ne peut pas être inférieur au montant de la prestation calculée conformément à la deuxième méthode décrite ci-dessus.

La partie XII concerne les dispositions relatives à la suspension des prestations, aux possibilités de faire appel, aux coûts des prestations et à l'administration de la sécurité sociale.

La partie XIII traite essentiellement de l'exclusion d'éventualité, c'est-à-dire que le Code ne s'applique pas aux éventualités survenues avant son entrée en vigueur ; des questions de sécurité sociale des travailleurs migrants qui devraient être résolues dans un instrument à part et des modalités de contrôle de l'application de l'instrument par les Parties contractantes.

Pour ce qui est du contrôle de l'application de cet instrument, les Parties contractantes doivent présenter chaque année au secrétaire général du Conseil de l'Europe un rapport, conformément à un formulaire adopté à cet effet. Ce rapport est ensuite examiné par les diverses instances de contrôle — à savoir la Commission d'experts de l'OIT pour l'application des conventions et recommandations, le Comité européen de sécurité sociale du Conseil de l'Europe et s'il y a lieu, l'Assemblée parlementaire du Conseil de l'Europe — et c'est le Comité des ministres qui détermine en dernière instance — à la majorité des deux tiers — si les Parties contractantes se sont conformées ou non aux dispositions acceptées et adopte à cet effet une Résolution qui est adressée ensuite aux gouvernements concernés.

Les Parties contractantes doivent également adresser tous les deux ans au secrétaire général un rapport sur les dispositions non acceptées qui est examiné par des experts consultants, lesquels élaborent des conclusions à son sujet.

Les dispositions finales de la partie XIV précisent, entre autres, la date d'entrée en vigueur de l'instrument, la possibilité pour un état non membre du Conseil de l'Europe d'y adhérer, l'application territoriale de l'instrument, la possibilité de dénonciation.

L'annexe au Code permet aux Parties contractantes de se référer à leurs propres législations en matière de suspension de prestations de chômage ; l'addendum I contient la classification internationale type, par industrie, de toutes les branches d'activités économiques et l'addendum II, les avantages supplémentaires à prendre éventuellement en considération dans le cadre de la ratification.

En ce qui concerne le Protocole au Code, son titre I contient les dispositions modifiant celles des quatorze parties du Code et portant notamment les normes à un niveau plus élevé; ainsi, par exemple, les pourcentages pour les paiements périodiques aux bénéficiaires type varient pour les différentes éventualités entre 45% et 66 2/3% ; les titres II, III et IV traitent de la signature de la ratification ou de l'adhésion au Protocole; l'addendum comporte les modifications à apporter à celui du Code.

Situation des Parties contractantes vis-à-vis du Code et de son Protocole. — Le tableau ci-dessous indique l'état de ratification du Code ainsi que du Code tel que modifié par le Protocole; il apparaît que les Pays Bas, le Luxembourg, la Belgique et la République fédérale d'Allemagne ont accepté toutes les parties du Code tel que modifié par le Protocole et que l'Irlande, l'Italie et la Suisse ont effectué une ratification à un niveau moins élevé.

Une analyse des diverses résolutions adoptées par le Comité des ministres et relatives à l'application du Code européen de sécurité sociale ou de son Protocole permet de constater que, par exemple, les législations de la République fédérale d'Allemagne et du Royaume-Uni ont, d'une manière générale et abstraction faite de certaines demandes d'information, toujours été considérées comme conformes aux dispositions acceptées.

Suite à l'adoption de résolutions par le Comité des ministres, les modifications apportées par les gouvernements à leurs législations ont contribué à rendre compatibles les dispositions nationales avec celles du Code ou du Protocole. Les modifications ont eu, notamment, lieu au cours de périodes se situant après la ratification de ces instruments par les divers gouvernements. A titre d'exemple, il y a lieu de citer le cas :

Code européen de sécurité sociale et son Protocole

Pays	Parties									Date de ratification	Date d'entrée en vigueur
	II	III	IV	V	VI	VII	VIII	IX	X		
Suède	x	y	y	y		y	x	y	y	25.09.1965	17.03.1968
Norvège	x	y	x	y	y	y		y	y	25.03.1966	17.03.1968
Pays-Bas	y	y	y	y	y	y	y	y	y	16.03.1967	17.03.1968
Royaume-Uni	x	x	x	x		x				12.01.1968	13.01.1969
Luxembourg	y	y	y	y	y	y	y	y	y	3.04.1968	04.04.1969
Belgique	y	y	y	y	y	y	y	y	y	13.08.1969	14.08.1970
Rep. Fed. d'Allemagne	y	y	y	y	y	y	y	y	y	27.01.1971	28.01.1972
Irlande		x	x	x		x			x	16.02.1971	17.02.1972
Danemark	x	x	x	x	x	x	x	x		16.02.1973	17.02.1974
Italie				x	x	x	x			20.01.1977	21.01.1978
Suisse				x	x	x		x	x	16.09.1977	17.09.1978
Turquie	x	x		x	x		x	x	x	07.03.1980	08.03.1981
Grèce	x	x		x	x		x	x	x	09.06.1981	10.06.1982
Portugal	x	y	y	y		y	x	y	y	15.05.1984	16.05.1985
France	x		x	x	x	x	x	x		17.02.1986	18.02.1987
Chypre		x	x	x	x			x	x	15.04.1992	16.04.1993

x: a accepté les dispositions du Code
y: a accepté les dispositions du Code telles que modifiées par le Protocole

Partie II: Soins médicaux
Partie III: Indemnités de maladie
Partie IV: Prestations de chômage
Partie V: Prestations de vieillesse
Partie VI: Prestations en cas d'accidents ou de maladies professionnelles
Partie VII: Prestations familiales
Partie VIII: Prestations de maternité
Partie IX: Prestations d'invalidité
Partie X: Prestations de survivants

— De la Belgique : par sa Résolution (73) 9, le Comité des ministres avait estimé que la législation belge n'était pas conforme à certaines dispositions de la partie VI (prestations en cas d'accidents du travail et de maladies professionnelles) du Code tel que modifié par le Protocole, puisque les soins médicaux n'étaient pas octroyés pendant toute la durée de l'éventualité. Suite à une modification de la législation belge, le Comité des ministres a pu constater dans sa Résolution (78) 63 que le service des prestations médicales est prévu pendant toute la durée de l'éventualité et sans aucune participation du bénéficiaire, ce qui correspond aux dispositions du Code tel que modifié par le Protocole.

— De l'Irlande : par sa Résolution (75) 19, le Comité des ministres avait soulevé, en relation avec l'article 60 du Code (partie X, Prestations de survivants), la question de savoir de quelle manière l'octroi des prestations contributives aux enfants, orphelins de mère lorsque celle-ci était le seul soutien de famille, et si le père est toujours en vie, est assurée puisque prévue par le Code. Dans sa Résolution CSS (82) 8, le Comité des ministres constate que les amendements apportés à la définition du terme « orphelin », figurant dans la loi de 1952 sur la prévoyance sociale, permettent d'assurer la protection prévue par les dispositions pertinentes du Code.

— Du Luxembourg : dans sa Résolution (72) 10, le Comité des ministres estimait que la législation luxembourgeoise relative à la durée de l'hospitalisation et la durée des services de l'indemnité de maladie n'était pas conforme aux dispositions du Code tel que modifié par le Protocole. Suite à l'entrée en vigueur le 1er août 1974 de la loi du 2 mai 1974 portant réforme de l'assurance maladie, le Comité des ministres a pu constater dans sa Résolution (76) 21 que le Luxembourg donne effet aux parties II (Soins médicaux) et III (Indemnités de maladie) du Code tel que modifié par le Protocole.

Les résolutions adoptées par le Comité des ministres pour le cycle de contrôle concernant la période allant du 1er juillet 1990 au 30 juin 1991 permettent de constater que :

— La Belgique et le Luxembourg donnent plein effet aux dispositions de toutes les parties du Code tel que modifié par le Protocole, et que l'Irlande et l'Italie donnent effet aux dispositions acceptées du Code.

— La France assure l'application des dispositions acceptées du Code mais qu'elle devrait fournir certaines informations sur la partie VII (Prestations aux familles) et la partie XI du Code (Calcul des prestations périodiques) ; en outre, la Convention du 1er janvier 1990 relative à l'assurance chômage et le décret du 28 juin 1991 visant l'augmentation du forfait journalier hospitalier devraient être portés à la connaissance des organes de contrôle.

— La République fédérale d'Allemagne, la Grèce, la Norvège, le Portugal et la Suède donnent plein effet aux parties acceptées, néanmoins certaines parties des rapports nationaux doivent être davantage explicitées.

— Le Danemark donne plein effet aux dispositions acceptées du Code sous réserve de la partie VI du Code (Prestations en cas d'accident du travail et de maladies professionnelles) pour l'application de laquelle les organes de contrôle doivent examiner la nouvelle législation danoise visant à remplacer la loi sur l'assurance contre les lésions professionnelles de 1978 qui a posé problème quant à sa conformité aux dispositions du Code.

— Les Pays-Bas donnent plein effet aux dispositions des parties III, IV, V, VII, IX et X du Code tel que modifié par le Protocole et qu'ils assurent également l'application des parties II, VI et VIII du Code tel que modifié par le Protocole sous réserve de certaines observations concernant essentiellement la réforme de l'assurance santé et la non-compatibilité de la législation nationale en ce qui concerne les conditions pour l'octroi de la pension de veuve et la définition de l'éventualité dans le cadre de l'application de la partie VI du Code tel que modifié par le Protocole.

— La Suisse donne plein effet aux dispositions des parties V, VII et X du Code et qu'elle assure également l'application des dispositions des parties VI et IX du Code sous réserve de certaines observations concernant notamment tout développement quant au projet de loi fédéral sur la partie générale du droit des assurances sociales qui devrait être en harmonie avec l'article 68 du Code (relatif à la suspension des prestations), ainsi que sur l'application de la loi fédérale sur l'assurance accident du 20 mars 1981 dont des dispositions autorisent la réduction des prestations en espèces en cas de négligence grave de l'assuré ou de son survivant.

— La Turquie assure une très large application des dispositions des parties acceptées du Code sous réserve d'observations qui concernent essentiellement l'établissement des données statistiques nécessaires dans le cadre du calcul des prestations périodiques.

— Le Royaume-Uni donne plein effet aux dispositions des parties acceptées du Code mais devrait fournir aux organes de contrôle des informations concernant les modifications apportées aux régimes d'assurance chômage.

Les observations formulées dans le cadre du système de contrôle des parties non acceptées ont amené le Royaume-Uni à accepter les dispositions de la partie VII (Prestations aux familles).

3. **Le Code européen de sécurité sociale (révisé).** — Dès 1973 déjà, un certain nombre de dispositions du Code et du Protocole étaient devenues, au moins partiellement, incompatibles avec de nouvelles tendances et pratiques législatives dans certains Etats membres du Conseil de l'Europe. Une révision de ces instruments s'avérait donc nécessaire. Les travaux de révision, autorisés par le Comité des ministres dès 1976, devaient essentiellement porter sur l'amélioration des normes et sur l'introduction d'une plus grande flexibilité. Ils furent menés par le Comité directeur pour la sécurité sociale, avec l'assistance technique du BIT et terminés définitivement en 1990. Aussi, le Comité des

ministres a-t-il pu ouvrir à signature cet instrument le 6 novembre 1990.

Le Code (révisé) a quasiment la même structure que le Code à l'exception d'une partie supplémentaire qui contient des dispositions relatives aux amendements au Code (révisé) et la version révisée en 1968 de la classification internationale type, par industrie, de toutes les branches d'activités économiques. Ne figure plus, puisque le Code (révisé) ne s'y réfère pas, la liste des avantages supplémentaires à accorder sous certaines conditions.

Les caractéristiques les plus importantes du Code (révisé) sont :

a) Conditions de ratification : les Etats liés par les § 1 à 3 de l'article 12 (Droit à la sécurité sociale) de la Charte sociale européenne, ou ayant accepté totalement ou partiellement le Code, peuvent n'accepter qu'une partie au moins du Code (révisé) ; les autres Etats doivent accepter au moins trois des parties II à X.

b) Champ d'application personnel : celui-ci fut considérablement élargi ; la couverture du risque étant étendue à la quasi-totalité des salariés (80-95 %), à une large proportion de la population active (70-90 %) ou à une proportion substantielle des résidents (70-90 %).

c) Niveau et durée des prestations : le Code (révisé) prend en considération deux types de bénéficiaires, celui considéré isolément, et celui avec personnes à charge ; les pourcentages pour le calcul des prestations varient dans le premier cas entre 20 et 70 et dans le deuxième cas entre 65 et 80. La durée du service des prestations a également été considérablement augmentée.

d) Nature des prestations : de nouvelles prestations ont été prévues, par exemple pour l'incapacité d'un enfant résultant d'un handicap congénital.

e) Conditions d'attribution : celles-ci ont été assouplies ; par exemple, les prestations de chômage doivent être payées en cas de chômage complet et partiel.

f) Mesures préventives : des mesures ont été introduites visant à éviter la survenance de l'éventualité ou l'aggravation de l'état ou de la situation de l'intéressé.

g) Egalité des sexes : le Code (révisé) prévoit l'égalité de traitement aux personnes protégées des deux sexes.

h) Flexibilité : afin de faciliter la ratification du Code (révisé) des dérogations en ce qui concerne l'application de certaines dispositions ont été introduites. Ces dérogations ne nuisent pas à la protection globale puisqu'elles impliquent soit des compensations, soit l'existence de dispositions d'équivalence.

i) Système de contrôle : par rapport au Code en vigueur, le Code (révisé) prévoit notamment que les Parties contractantes doivent adresser pour observation des copies des rapports nationaux à leurs organisations professionnelles les plus représentatives d'employeurs et de travailleurs; une Commission européenne d'experts indépendants remplace la Commission d'experts pour l'application des conventions et recommandations de l'OIT et l'Assemblée parlementaire doit formuler son avis sur les rapports nationaux et que la Commission européenne examine les rapports nationaux sur les parties non acceptées.

j) L'adhésion de la CE : sur invitation du Comité des ministres, la Communauté européenne peut également adhérer à cet instrument.

Si le Code européen de sécurité sociale et son Protocole et le Code (révisé) sont étroitement liés, ils n'en constituent pas moins trois instruments juridiques distincts.

Lorsqu'un Etat lié par la totalité du Code européen de sécurité sociale ratifie une ou plusieurs parties du Code (révisé), la ou les parties correspondantes du Code (révisé) se substituent aux parties du Code européen de sécurité sociale qui cessent d'être applicables. Les autres parties du Code européen de sécurité sociale demeurent en vigueur. Lorsqu'un Etat accepte une ou plusieurs parties du Code (révisé) alors qu'il n'avait pas accepté la ou les parties correspondantes du Code européen de sécurité sociale et de son Protocole, le cas échéant, cet Etat sera considéré comme ayant accepté les obligations du Code et du Protocole pour les parties correspondantes.

Quand les organes de contrôle examinent si l'Etat satisfait aux normes, l'examen se fait conformément aux normes du Code (révisé) et non du Code et du Protocole.

A l'heure actuelle, le Code (révisé) est signé par les Etats suivants : Autriche, Belgique, Finlande, France, Allemagne, Grèce, Italie, Luxembourg, Pays-Bas, Norvège, Portugal, Suède, Turquie.

4. **La Convention européenne relative à la protection sociale des agriculteurs.** — Bien que la Charte sociale européenne s'applique quasiment à toutes les catégories de travailleurs, l'Assemblée parlementaire a estimé dès 1966 que l'agriculture européenne avait été soumise au cours des années précédentes à de profondes mutations qui justifiaient l'élaboration d'une sorte de Charte de l'agriculture européenne. Cette proposition n'ayant pas connu une suite favorable, l'Assemblée élaborera une nouvelle Recommandation 577 (1970) à la suite de laquelle le Comité des ministres du Conseil de l'Europe a chargé son Comité social d'élaborer des mesures relatives à la protection sociale des agriculteurs et de leurs familles. Le Comité, pour souligner les aspects sociaux de la question, a suggéré que le titre de l'instrument soit intitulé : Convention européenne relative à la protection sociale des agriculteurs. Le Comité des ministres a adopté le texte définitif de cet instrument en 1974.

Cette Convention prévoit que les Parties contractantes assurent aux exploitants agricoles, c'est-à-dire à « toute personne qui, en qualité de travailleur indépendant, consacre exclusivement ou principalement son activité à une profession agricole, sylvicole, horticole, viticole ou similaire », aux membres de leurs familles et, le cas échéant, aux salariés qu'ils emploient, une protection sociale comparable à celle dont jouissent d'autres groupes de la population ainsi que des mesures spécifiques qui se réfèrent, entre autres, à :

— l'aide en cas d'arrêt de l'activité agricole pour des raisons d'ordre structurel et autres ;
— l'information et la consultation des exploitants agricoles à propos des objectifs de la politique agricole nationale ;
— la formation et l'éducation appropriées des enfants vivant dans des zones agricoles ;
— la garantie d'une orientation professionnelle adaptée et d'une formation générale et professionnelle adéquate en faveur des jeunes des zones agricoles.

En matière de sécurité sociale, les dispositions de la Convention prévoient que les exploitants agricoles ainsi que leurs ayants droit bénéficient des normes de sécurité sociale qui sont également prévues par la législation nationale pour les autres catégories protégées de la population.

Sans préjudice de ce principe général, les Parties contractantes doivent au moins accorder aux exploitants agricoles une protection par la sécurité sociale pour au minimum quatre des éventualités suivantes : maladie, maternité, invalidité, vieillesse, décès, accident du travail, maladies professionnelles et charges familiales.

Lorsque l'exploitant agricole cesse son activité pour raison d'ordre structurel ou autre à déterminer, l'exploitant, les membres de sa famille et le cas échéant les salariés doivent bénéficier des mesures comprenant :

— le versement d'allocations temporaires afin de permettre la préparation à une autre activité ;

— le maintien des droits acquis et des droits en cours d'acquisition en matière de sécurité sociale;
— le versement d'indemnités ou de primes lorsque l'exploitant a pour des raisons d'âge, des difficultés pour entreprendre une autre activité et à condition que la cessation de l'activité entraîne une amélioration structurelle.

Lorsqu'il s'agit d'une cessation partielle d'activité, des mesures doivent être adaptées aux besoins.

Pour faciliter sa ratification, la Convention permet aux gouvernements de faire usage de l'une ou de plusieurs réserves qui sont mentionnées en annexe et qui se réfèrent essentiellement aux mesures spécifiques mentionnées ci-dessus ainsi qu'à la possibilité d'exclure du champ d'application personnel les personnes qui ne tirent pas la principale partie de leur revenu de l'activité précisée dans le cadre de la définition de l'exploitant agricole.

De telles réserves ont été formulées, par exemple, par la Belgique, les Pays-Bas et l'Espagne excluant les personnes qui ne tirent pas la principale partie de leur revenu de l'activité en question. La Belgique, le Luxembourg et les Pays-Bas ne prévoient pas de mesures dans le cadre d'une cessation partielle de l'activité. Le Liechtenstein, l'Espagne et le Royaume-Uni n'appliquent pas les dispositions relatives au maintien des droits acquis et en cours d'acquisition en matière de sécurité sociale lors de la cessation de l'activité.

La Convention peut également être ratifiée par des Etats non membres du Conseil de l'Europe et permet également aux Parties contractantes d'étendre le bénéfice des dispositions aux ressortissants d'autres Etats.

La Convention ne comporte pas un système de contrôle tel que la Charte sociale européenne ou le Code européen de sécurité sociale, par exemple, elle s'applique donc comme toute convention qui ne dispose pas d'un système propre de contrôle.

La Convention, qui a été ouverte à signature le 6 mai 1974, est entrée en vigueur le 17 juin 1977, après sa troisième ratification. A ce jour, la Convention est ratifiée par l'Autriche, la Belgique, l'Italie, le Liechtenstein, le Luxembourg, les Pays-Bas, l'Espagne, la Suisse et le Royaume-Uni ; elle est seulement signée par le Danemark et la France.

5. **Résolutions et recommandations.** — Parmi les instruments n'ayant pas le même caractère contraignant que ceux qui viennent d'être décrits mais qui contribuent également à la promotion du développement de la protection par la sécurité sociale, il faut mentionner les résolutions et les recommandations suivantes :

— *La Résolution (68) 37* sur les mesures législatives et réglementaires tendant à la compensation des charges familiales invite les Etats membres à concevoir une politique familiale selon les critères déterminés dans la Résolution. En matière d'allocations familiales, il est prévu que celles-ci devraient être versées jusqu'à la fin de la scolarité obligatoire et pour les enfants infirmes jusqu'à ce que l'intéressé bénéficie d'autres prestations. L'égalité de traitement devrait être accordée aux étrangers, aux réfugiés et aux apatrides et les prestations devraient être accordées au moins à partir du deuxième enfant. *La Résolution (75) 28* a pour objet la protection par la sécurité sociale de la femme au foyer ; elle recommande de prendre des mesures spécifiques en faveur des femmes qui, n'exerçant pas d'activités professionnelles, se consacrent principalement aux tâches du foyer et ne disposent pas d'un droit ou n'ouvrent pas droit aux prestations pour les éventualités suivantes : maladie et maternité, invalidité, vieillesse, décès du soutien de famille et prestations familiales. Les gouvernements sont également invités à étendre aux femmes au foyer le bénéfice des programmes de formation ou de rééducation professionnelle mis en œuvre par les systèmes de sécurité sociale. *La Résolution (76) 32* sur les mesures de sécurité sociale en faveur des pensionnés ou des personnes qui demeurent actives après l'âge d'admission à pension de vieillesse recommande aux gouvernements de prendre des mesures permettant de choisir entre la retraite et la poursuite d'une activité professionnelle après l'âge d'admission à pension de vieillesse ; de promouvoir la flexibilité de la retraite et d'assurer, dans les Etats où existent différents régimes de pensions généraux, spéciaux ou complémentaires, une coordination complète entre eux. *La Recommandation R (84) 24* sur la contribution de la sécurité sociale aux mesures préventives invite les gouvernements à mettre en œuvre les mesures nécessaires pour encourager, dans le cadre de la sécurité sociale, le développement d'actions préventives figurant dans les principes de politique générale de la recommandation ainsi que dans les mesures spécifiques qu'elle énumère, et qui se réfèrent au domaine sanitaire, au domaine des risques professionnels, à celui du chômage, de la vieillesse et au domaine familial. *La Recommandation R (89) 3* sur la flexibilité de l'âge de la retraite complète la Résolution (76) 32 précitée. Elle pose comme principe général que les conditions d'ouverture du droit aux prestations de vieillesse devraient être suffisamment souples pour permettre la prise de retraite avant l'âge normal d'admission à pension ou après cet âge. Les mesures de flexibilité de l'âge de retraite devraient être réalisées par voie de prestations anticipées ou de prestations différées, prestations partielles ou prestations progressives et prestations d'ancienneté. *La Recommandation R (91) 2* relative à la sécurité sociale des travailleurs sans statut professionnel (les aidants, les personnes au foyer ayant des responsabilités familiales et les personnes bénévoles) recommande de prendre progressivement les mesures nécessaires, afin que ces catégories de personnes puissent être protégées, conformément à certains principes, par la sécurité sociale.

Plusieurs recommandations ont été adoptées dans le but d'inciter les gouvernements à élargir le champ d'application personnel des diverses prestations, à quasiment toutes les personnes.

— Ainsi, *la Recommandation R (86) 5* sur la généralisation des soins médicaux recommande d'étendre le droit aux soins médicaux préventifs, curatifs et de réadaptation à tous les résidents, de prendre des mesures nécessaires pour mettre à la disposition de toute personne l'infrastructure sanitaire nécessaire et pour rendre les soins médicaux nécessaires financièrement accessibles. *La Recommandation R (87) 5* sur la généralisation des prestations de vieillesse et d'invalidité prévoit une protection qui devrait être assurée à tous les membres de la population résidente, en admettant une réalisation progressive protégeant d'abord tous les travailleurs salariés, puis l'ensemble de la population active. Toutefois une protection appropriée devrait être envisagée pour les personnes non rémunérées qui se consacrent à des tâches familiales ou d'intérêt social, pour les personnes non actives inaptes au travail; de plus, il conviendrait de prévoir pour les autres personnes non actives une protection volontaire dans le cadre de la sécurité sociale. *La Recommandation R (92) 2* sur la généralisation des prestations familiales prévoit, lorsqu'il n'existe aucune prestation familiale, de verser au moins des allocations familiales, d'étendre le droit aux allocations familiales à tous les enfants résidents, de fixer le montant de ces allocations familiales « à un niveau suffisamment élevé pour contribuer d'une manière substantielle au niveau de vie de la famille », et de généraliser progressivement la totalité des prestations familiales existantes.

III. — Les instruments de la Communauté européenne

1. **Les recommandations.** — La recommandation, comme son nom l'indique, ne crée pas de droit ni d'obligation. La recommandation ne lie pas. La Communauté utilise ce dispositif juridique, pour inciter les Etats à développer ou rapprocher leur législation.

L'avis a un degré encore moins contraignant que la recommandation. L'avis ne lie aucunement l'Etat auquel il est donné. L'article 118 du traité de Rome impose à la Commission la consultation du Conseil économique et social avant de donner des avis.

Le Conseil des communautés a adopté le 10 décembre 1982 une recommandation n° 82-857 (CEE) relative aux principes d'une politique communautaire de l'âge de la retraite.

Cette recommandation tout en invitant les Etats membres à reconnaître comme un des objectifs de leur politique sociale la réalisation de la retraite flexible pour les salariés avait pour préoccupation principale d'introduire dans le droit positif un plus grand respect des souhaits des individus. C'est pourquoi l'accent était mis sur :

— l'assouplissement des règles relatives à l'âge de la retraite par la possibilité de choisir l'âge de son départ en retraite à partir d'un âge limite, par anticipation ou retard du départ de l'âge à la retraite sans que les abattements en cas d'anticipation aient des effets dissuasifs ;
— la réduction progressive de la durée du temps de travail au cours d'une période précédant la retraite ;
— la possibilité de cumuler un emploi et une retraite.

Le rapport d'application de la recommandation présenté au Conseil en juillet 1986 reconnaissait, toutefois, que les résultats constatés n'étaient pas très probants.

L'adoption de la Charte communautaire des droits sociaux fondamentaux des travailleurs, qui n'a pas de valeur juridique propre en droit communautaire, lors du Conseil européen tenu à Strasbourg les 8 et 9 décembre 1989, ainsi que la réalisation du Programme d'action relatif à la mise en œuvre de la Charte communautaire constitue un progrès important. En relation avec les dispositions relatives à la protection sociale qui stipulent que « tout travailleur de la Communauté européenne a droit à une protection sociale adéquate... » et que « les personnes exclues du marché du travail..., dépourvues de moyens de subsistance doivent pouvoir bénéficier de prestations et de ressources suffisantes... », le Programme d'action prévoit l'élaboration d'une Recommandation sur la protection sociale : convergence des objectifs et une Recommandation portant sur des critères communs relatifs à des ressources et à des prestations suffisantes dans les systèmes de protection sociale.

La Recommandation du Conseil relative à la convergence des objectifs et politiques de protection sociale fut adoptée le 27 juillet 1992. Le Conseil après s'être référé aux dispositions de la Charte communautaire et avoir considéré que la « convergence vise également à garantir le maintien et à stimuler le développement de la protection sociale dans le cadre de l'achèvement du marché intérieur », recommande sous certaines conditions aux Etats membres :

— d'orienter leur politique en matière de protection sociale en vue de : garantir un niveau de ressources conforme à la dignité humaine, faire bénéficier les personnes résidant légalement sur le territoire des systèmes de protection de la santé humaine, favoriser l'intégration sociale et l'intégration dans le marché du travail, garantir un revenu de remplacement, instaurer ou développer une protection sociale des travailleurs non salariés ; octroyer les prestations selon les principes suivants : égalité de traitement et équité ; adapter la protection à l'évolution des comportements et des structures familiales et gérer les systèmes d'une manière efficace ;

— d'adapter et de développer leurs systèmes de protection sociale dans les domaines de la maladie, de la maternité, du chômage, de l'incapacité de travail, de la vieillesse et de la famille.

Dans le cadre de la réalisation de cette recommandation, la Commission est chargée de soumettre périodiquement au Conseil un rapport évaluant les progrès réalisés et d'organiser avec les Etats membres un échange de vues sur le développement de leur politique en la matière.

Le premier rapport sur la protection sociale en Europe a été publié par la Commission. Ce rapport procède à une analyse comparative des différents systèmes existants, relève les aspects économiques de la protection sociale, recense les dépenses et leur financement, retrace les récentes réformes entreprises.

Par ailleurs, en guise de résumé il met l'accent sur la nécessité de mettre en place, en amont, des politiques dynamiques en soulignant « qu'il faut intégrer de plus en plus dans les mécanismes de la protection sociale les moyens permettant de s'en passer : prévention, lutte contre l'exclusion, politique active de l'emploi ».

La Recommandation sur les critères communs relatifs à des ressources et prestations suffisantes dans les systèmes de protection sociale fut adoptée par le Conseil le 24 juin 1992. Les considérants de cette Recommandation soulignent les conceptions fondamentales en la matière et se réfèrent, notamment, à la cohésion sociale au sein de la Communauté qui implique de promouvoir la solidarité à l'égard des personnes les plus démunies et les plus vulnérables ; à la nécessité d'accompagner les politiques générales de développement par des politiques spécifiques, systématiques et cohérentes d'intégration et à la proposition du Parlement européen visant l'instauration dans tous les Etats membres d'un revenu minimal garanti comme facteur d'insertion des citoyens les plus pauvres dans la société. La recommandation prévoit :

— la reconnaissance du droit fondamental de la personne à des ressources et prestations suffisantes permettant de vivre dignement ;
— l'organisation de la reconnaissance et de la mise en œuvre de ce droit selon des principes généraux qu'elle fixe elle-même ;
— la garantie des ressources et des prestations dans le cadre des régimes de protection sociale ;
— la mise en œuvre progressive des principes contenus dans la recommandation pour pouvoir établir un bilan au terme de cinq ans. La recommandation prévoit que cette mise en œuvre se fait dans le respect des disponibilités de ressources économiques et budgétaires et des priorités fixées par les autorités nationales.

La Commission est chargée de promouvoir l'échange des informations et expériences et de soumettre régulièrement au Parlement européen, au Conseil et au Comité économique et social un rapport sur les progrès accomplis.

2. **Les directives.** — La Directive a un caractère spécifique. Elle lie les Etats membres destinataires qui doivent atteindre les objectifs qu'elle leur assigne, mais elle leur laisse le choix des moyens à prendre pour atteindre ces objectifs. En d'autres termes, la Directive assigne des objectifs qui sont obligatoires, mais chaque

Etat dispose des moyens propres pour réaliser ces objectifs. Néanmoins les Etats membres ont l'obligation de modifier leur législation pour atteindre le résultat fixé par la Directive. La Directive est notifiée à son destinataire et prend effet par cette notification.

Parmi les directives ayant une incidence sur la sécurité sociale des travailleurs des Etats membres de la Communauté, il faut notamment citer : la Directive n° 79/7 (CEE) du 19 décembre 1978 relative à la mise en œuvre progressive du principe de l'égalité de traitement entre hommes et femmes en matière de sécurité sociale. Cette Directive a été arrêtée par le Conseil afin de mettre en œuvre dans les régimes légaux et dans les dispositifs d'aide sociale, dans la mesure où ils sont destinés à compléter les régimes légaux ou à les suppléer, le principe de l'égalité de traitement entre hommes et femmes. Le champ d'application matériel de la Directive concerne l'ensemble des branches de la sécurité sociale à l'exception des prestations de survivants et des prestations familiales, sauf si ces dernières sont accordées à titre de majoration des prestations de vieillesse ou d'invalidité.

Est interdite toute discrimination fondée sur le sexe soit directement soit indirectement par référence à un statut matrimonial ou personnel qui concernerait le champ d'application personnel des régimes, le calcul des prestations et des cotisations. Sont placées hors champ de la Directive les mesures de protection de la femme en raison de la maternité. La fixation d'un âge minimum d'admission à pension de vieillesse différent pour les hommes et les femmes ne constitue pas, néanmoins, une discrimination interdite par le droit communautaire.

La Directive donnait six ans aux Etats membres, après la notification, pour mettre leur législation en conformité avec les principes contenus dans ladite Directive. Au bout de sept ans après notification les

Etats devaient faire un rapport sur l'application de cette Directive.

L'article 3, § 3 de la Directive n° 79/7 prévoyait des dispositions spécifiques pour l'extension du principe de l'égalité de traitement dans les régimes professionnels. Cette extension fait l'objet de la Directive n° 86-378 (CEE) du 24 juillet 1986 relative à la mise en œuvre du principe de l'égalité de traitement entre hommes et femmes dans les régimes professionnels de sécurité sociale.

Ce texte concerne les régimes non régis par la Directive n° 79/7 et qui ont pour objet de fournir aux travailleurs salariés ou indépendants des prestations destinées à compléter les régimes légaux de sécurité sociale. Le champ d'application matériel de la Directive est le même que celui de la Directive visant les régimes légaux (maladie, invalidité et vieillesse, accidents du travail et chômage). La Directive assignait aux Etats membres le terme du 1er janvier 1993 pour la mise en conformité des législations et dispositions contraires au principe de l'égalité de traitement entre hommes et femmes. Chaque Etat devait, en outre, prendre des mesures particulières tendant à protéger les travailleurs contre tout licenciement qui constituerait une réaction de l'employeur à une plainte formulée au niveau de l'entreprise ou à une action en justice visant à faire respecter le principe de l'égalité de traitement.

La Directive n° 80-987 (CEE) du 20 octobre 1980 concernant le rapprochement des législations des Etats membres relatives à la protection des travailleurs salariés en cas d'insolvabilité des employeurs contient aussi des dispositions relatives à la sécurité sociale (art. 6 à 8). Elle impose aux Etats membres de garantir aux salariés le droit à prestation quand bien même les employeurs devenus insolvables n'auraient pas acquitté les cotisations de sécurité sociale. Dès lors que la cotisation du salarié a été précomptée, l'insolvabilité de l'employeur ne doit avoir aucune conséquence sur les droits en cours d'acquisition. La Directive impose, en outre, aux Etats membres la garantie des droits acquis aux régimes complémentaires de prévoyance professionnels ou interprofessionnels contractuels des salariés ayant quitté l'entreprise avant la survenance de l'insolvabilité.

La Directive fixe à trente-six mois à compter de la notification le délai pour se mettre en conformité avec ses principes.

Chapitre III

LES INSTRUMENTS DE COORDINATION DES LÉGISLATIONS NATIONALES DE SÉCURITÉ SOCIALE

I. — Les problèmes à résoudre

Les législations de sécurité sociale définissent souverainement leur champ d'application personnel et matériel. En règle générale, elles sont fondées soit sur le principe de territorialité, dans ce cas l'intéressé devra résider dans le pays pour bénéficier de la législation, soit sur le principe de la personnalité, le droit aux prestations étant alors un droit personnel attaché à l'exercice d'une activité ou au versement d'une contribution pendant une période déterminée, soit sur ces deux principes à la fois. Il en résulte donc des situations dans lesquelles le travailleur migrant ne se trouverait soumis à aucune législation de sécurité sociale (c'est le conflit négatif de lois), ou dans lesquelles, au contraire, il pourrait bénéficier de plusieurs législations et, dans cette hypothèse, il pourrait cumuler les prestations (c'est le conflit de lois positif).

En outre, certaines législations de sécurité sociale excluent expressément le travailleur étranger du bénéfice des prestations ou de tout ou partie des prestations de sécurité sociale.

Or, le travailleur migrant peut avoir acquis au cours de son activité professionnelle dans un pays autre que son pays d'origine des droits à prestations. Si la législation de ce pays subordonne le droit aux prestations à la résidence dans le même pays, l'étranger qui transférerait sa résidence pour se rendre dans son pays d'origine pourrait perdre ses droits acquis.

Il en est de même pour le bénéfice de certaines prestations qui est subordonné à l'accomplissement de certaines périodes d'emploi, d'assurance ou de résidence, appelées périodes de stage. Le travailleur migrant, dans l'hypothèse où il ne serait pas tenu compte de ces périodes dans son pays de migration, pourrait perdre des droits, les migrations entre Etats seraient donc compromises.

Enfin, dans certains cas le travailleur migrant laisse sa famille dans son pays d'origine. Si la législation de ce pays subordonne le droit aux prestations de maladie, par exemple, à l'exercice d'une activité professionnelle dans ce pays, cette famille pourrait donc se trouver privée de protection sociale pendant la durée de l'expatriation du chef de famille, en l'absence d'un dispositif juridique approprié.

Les traités internationaux de sécurité sociale (conventions bilatérales ou multilatérales) vont régler ces difficultés juridiques. Ils ont, en effet, pour objectif essentiel de faciliter la migration des travailleurs en apportant, dans chaque cas d'espèce, des solutions aux problèmes posés par la protection sociale des travailleurs migrants. Le travailleur migrant ne doit pas, du fait de sa migration, être pénalisé ou avantagé en matière de protection sociale. En conséquence, la convention internationale évitera la perte de droits acquis ou en cours d'acquisition ou le cumul d'avantages injustifiés qui résulterait de la juxtaposition de plusieurs législations, par des formules de coordination qui souvent, reprennent les principes édictés dans les traités à caractère normatif.

II. — Les techniques juridiques utilisées

La coordination bilatérale ou multilatérale des législations repose donc sur un certain nombre de principes fondamentaux. Ces principes concernent : la détermination de la législation applicable, l'égalité de traitement, le maintien des droits acquis et des droits en cours d'acquisition et le service des prestations hors de l'Etat compétent, l'entraide administrative.

1. **La détermination de la législation applicable : l'unicité de législation.** — Ce premier principe va garantir l'assujettissement du travailleur migrant à une législation déterminée en matière de sécurité sociale.

La convention internationale précise, pour chaque branche inscrite dans son champ d'application matériel, la législation applicable en vertu de laquelle vont naître les obligations et le service des prestations. Cette règle est évidemment indispensable pour éviter les conflits de lois à caractère positif ou négatif. Il convient, en effet, d'éviter l'interférence des législations nationales qui pourraient aboutir à un vide juridique ou à une exclusion de droits, ou à des cumuls d'avantages.

La législation applicable est, en principe, celle du territoire sur lequel s'exerce l'activité professionnelle principale, même si l'intéressé réside sur le territoire d'un autre Etat. Toutefois, des exceptions sont normalement prévues pour les travailleurs détachés, les travailleurs des transports internationaux, les travailleurs itinérants et les gens de mer.

Le travailleur détaché est envoyé temporairement dans un autre pays pour y exercer une activité salariée ou assimilée, qui pendant la durée de son détachement professionnel, restera soumis à la législation de son pays d'origine. Dans ce cas, le salarié est considéré comme ayant conservé sa résidence et son lieu de travail dans son pays d'origine. Les dispositions relatives au détachement sont extrêmement utiles. Elles facilitent grandement la mobilité professionnelle de certains travailleurs. En effet, en l'absence de telles dispositions, un salarié envoyé dans un pays étranger pour une durée d'un mois pour y exercer une activité professionnelle serait obligé de s'affilier au régime du pays d'emploi pendant cette durée. Il en résulterait d'importantes complications administratives et, dans certains cas, des pertes de droits importantes. La procédure du détachement évite ces inconvénients.

Le maintien de l'affiliation dans le pays d'origine a nécessairement une durée limitée. En effet, s'il n'en était pas ainsi la convention qui a pour objet de coordonner des législations serait vidée de son sens. La durée du maintien d'affiliation au régime d'origine varie avec les conventions. Elle peut aller de trois mois à cinq ans ou même parfois plus, exceptionnellement. La durée initiale peut aussi être renouvelée au maximum une fois, chaque convention fixe le terme des détachements et leur caractère renouvelable ou non.

La position de détachement exonère le salarié du paiement des cotisations du pays dans lequel il exerce temporairement son activité. En revanche, il conserve la protection sociale de son régime d'origine et verse évidemment, ainsi que son employeur qui l'a détaché, les cotisations correspondantes. Si le service des prestations peut incomber au pays d'emploi, la charge de ces prestations incombe bien évidemment aux institutions du pays d'affiliation.

Les travailleurs des transports internationaux ou les travailleurs itinérants sont eux soumis à la législation du pays du siège de l'entreprise ou de leur résidence. La législation applicable aux gens de mer est normalement celle du pays dont le navire sur lequel ils sont embarqués bat pavillon, pour l'ensemble des instruments internationaux. Dans les instruments à champ d'application plus large (Convention n° 165 de l'OIT par exemple) le choix de la législation applicable demeure plus ouvert compte tenu de l'intérêt des travailleurs, des situations de fait, telles que l'importance des pavillons de complaisance.

Des dérogations au principe de l'affiliation du pays d'emploi existent aussi en faveur des travailleurs frontaliers. Pour les Etats de la CE, les règles applicables à ces travailleurs sont fixées par les Règlements CEE 1408/71 et 574/72. D'une manière générale, les conventions bilatérales règlent ces questions et, si les prestations sont servies par le pays de résidence, la charge en incombe au pays d'affiliation.

Le champ d'application des accords bilatéraux est généralement limité aux territoires des Parties contractantes. Il en résulte que les règles de coordination définies dans l'accord international ne s'appliquent que pour des périodes d'assurance accomplies sur le territoire de l'une des Parties contractantes, les périodes d'assurance effectuées dans un Etat non partie à l'accord n'entrent pas en compte pour l'acquisition ou le maintien des droits.

2. **L'égalité de traitement.** — Le principe de l'égalité de traitement requiert d'appliquer la législation nationale d'un Etat aux étrangers comme aux ressortissants nationaux. Ce principe est, d'une manière générale, affirmé par toutes les conventions bilatérales ou multilatérales.

Toutefois, pour certaines prestations de sécurité sociale à caractère non contributif, le principe de l'égalité de traitement peut souffrir des exceptions ou exige des règles de coordination spécifiques. L'égalité de traitement peut, en effet, dans ce cas, être subordonnée pour le bénéfice de ces prestations à des durées de résidence variables ou à la conclusion d'accords spécifiques fondés sur la réciprocité.

L'égalité de traitement suppose, en effet, la réciprocité des avantages accordés par les systèmes nationaux de sécurité sociale. La réciprocité présente plusieurs caractères. Elle peut être soit une réciprocité globale, les branches de sécurité sociale comportant dans ce cas des avantages considérés comme équivalents, soit une réciprocité branche par branche. Il appartient aux parties, dans le cadre de leurs négociations, de définir cette réciprocité. L'absence d'une réciprocité réelle explique l'exclusion de branches de la sécurité sociale de certaines conventions internationales : il en est ainsi, dans la convention bilatérale entre la France et les Etats-Unis d'Amérique, de l'absence de branches relatives aux prestations familiales, aux accidents du travail, aux assurances maladie-maternité dans la législation américaine, de l'absence de coordination de l'assurance maladie dans la Convention franco-suisse de sécurité sociale en raison du caractère privé de l'assurance maladie suisse.

Toutefois, certains Etats peuvent accorder la réciprocité, alors que celle-ci n'existe pas réellement. Dans ce cas, il s'agit d'une appréciation de caractère politique et non plus juridique, puisque le degré de développement des législations n'est pas vraiment comparable.

L'égalité de traitement peut être étendue ultérieurement à une autre branche de la sécurité sociale en fonction de l'évolution des législations nationales. La convention sera alors modifiée au moyen d'avenants.

3. **Le maintien des droits acquis et des droits en cours d'acquisition.** — Le maintien des droits acquis ne concerne en premier lieu que les prestations en espèces d'invalidité, de vieillesse et de survivants, les rentes d'accident du travail ou de maladie professionnelle et les allocations au décès acquises au titre d'une législation.

Les législations de sécurité sociale subordonnent, en règle générale, le droit aux prestations en espèces à la réalisation de certaines conditions : âge, durée minimum d'assurance, d'activité professionnelle ou de résidence. Le travailleur migrant du fait de ses déplacements, ne remplit pas toujours les conditions requises, notamment celles relatives aux périodes d'assurance, de résidence ou d'activité professionnelle. En effet, il peut avoir travaillé dix années dans un pays et avoir acquis des droits à l'assurance vieillesse, mais la législation applicable peut exiger pour l'ouverture des droits une période d'assurance plus importante (par exemple 40 annuités). Dans ce cas, le salarié ne pourra prétendre à ces prestations bien qu'il ait versé des cotisations pendant la durée de son activité professionnelle au régime de sécurité sociale de ce pays.

Les techniques de coordination vont pallier ces difficultés en permettant à l'assuré de ne pas perdre les droits acquis. Cette technique s'appelle la totalisation des périodes d'assurance accomplies sous les divers régimes de sécurité sociale en vue de la détermination du maintien ou du recouvrement du droit aux prestations. Elle permet de considérer fictivement que toutes les périodes d'assurance ont été accomplies sous la législation d'un seul Etat. Ainsi le travailleur migrant qui aura travaillé dix ans dans un autre Etat et trente ans dans son pays d'origine, sera crédité, grâce à la totalisation des périodes, d'une carrière de 40 annuités, ce qui lui permettra de remplir, au regard de la législation applicable, la condition de durée d'assurance requise pour le calcul de ses droits à prestations de vieillesse, si celle-ci est de quarante années d'assurance. L'organisme débiteur de la prestation, ne rémunérera l'intéressé qu'à hauteur de dix ans de cotisations. La prestation sera donc calculée comme si l'ensemble de la carrière avait été accompli dans ce seul pays, mais elle sera réduite au prorata de la période cotisée ce qui est parfaitement logique, l'organisme ne pouvant prendre en charge une période d'assurance pendant laquelle il n'aurait pas reçu de cotisations. L'organisme étranger procédera de la même manière, il tiendra compte, le cas échéant, des périodes accomplies dans l'autre Etat, mais ne rémunérera que les périodes accomplies sous la législation qu'il applique. C'est la règle de la totalisation proratisation *(prorata temporis)*.

La totalisation des périodes d'assurance ne doit pas aboutir à la prise en considération pour la détermination des droits, de périodes effectuées sous des législations différentes qui se superposeraient et donc se cumuleraient. La convention évite qu'une même période soit prise en compte et rémunérée deux fois. Une telle situation aboutirait à accorder un avantage indû à un travailleur migrant par rapport à un travailleur resté dans son pays d'origine. Les cas de superposition sont dus aux différences existant entre les conditions prévues par les législations pour l'ouverture du droit aux prestations.

Pour le calcul des prestations dans les régimes spéciaux de sécurité sociale, la règle de la totalisation s'applique pour les seules périodes accomplies sous un régime spécial d'assurance dans une profession déterminée.

Le principe du maintien des droits acquis appelle le service de toutes les prestations dues aux bénéficiaires qui résident sur le territoire d'une Partie contractante autre que l'Etat compétent[1]. Ainsi le service des pensions sera assuré aux pensionnés résidant sur le territoire de l'autre Etat. Il en va de même pour les rentes d'accidents du travail et de maladies professionnelles et pour les prestations à court terme (prestations en espèces) des branches maladie, maternité, accidents du travail et maladies professionnelles, et de la branche chômage.

1. L'Etat compétent désigne dans les accords internationaux de sécurité sociale, l'Etat débiteur des prestations, c'est-à-dire l'Etat d'affiliation du travailleur; de même on parle d'institution compétente pour désigner l'institution de sécurité sociale débitrice de prestations.

Le maintien des droits en cours d'acquisition est obtenu aussi au moyen de la technique de la totalisation des périodes prises en considération par les législations des Parties contractantes pour l'ouverture du droit et, le cas échéant, pour le calcul des prestations dans les branches couvertes par ces instruments.

La technique de la totalisation des périodes n'est utilisée que dans la mesure nécessaire à l'ouverture du droit, s'il s'agit de prestations à court terme dont la charge incombe normalement à l'institution compétente au moment de la réalisation de l'éventualité.

Ainsi, le droit aux prestations en nature de l'assurance maladie française ne sera-t-il ouvert pour un travailleur salarié migrant que dans la mesure où il faudra faire appel aux périodes de cotisations auprès du régime du pays lié à la France par convention, dès lors que la période d'assurance en France serait insuffisante pour ouvrir ce droit. La technique de la totalisation permet donc d'additionner des périodes d'assurance et de considérer qu'elles ont été accomplies sous une même législation.

Cette méthode de la totalisation des périodes d'assurance aboutit ainsi à reconstituer l'unité de la carrière des migrants malgré leurs déplacements et leur assujettissement à diverses législations nationales.

Cette totalisation des périodes peut être limitée aux périodes d'assurance ou d'emploi selon les branches concernées, et aux périodes assimilées lorsque la coordination ne concerne que des régimes d'assurances sociales applicables aux travailleurs salariés. Elle s'étend aux périodes d'activité professionnelle ou de résidence, selon le cas, et aux périodes assimilées pour tenir compte de l'extension du champ d'application aux travailleurs indépendants et aux personnes non actives ou de l'existence de législations à caractère non contributif qui fondent le droit aux prestations sur un stage de résidence.

4. **L'entraide administrative.** — La convention internationale de sécurité sociale ne peut être valablement appliquée sans un minimum de coopération entre les organismes de sécurité sociale des Parties contractantes. Aussi chaque accord international de sécurité sociale fait-il référence expressément à l'entraide administrative.

La mise en œuvre de l'entraide administrative consiste à établir toutes les relations et liaisons utiles entre les administrations et institutions de sécurité sociale pour le bon fonctionnement de la coordination.

Les organismes de sécurité sociale se prêtent donc mutuellement assistance pour fournir des renseignements administratifs, procèdent à des enquêtes ou des contrôles en versant les prestations pour le compte d'un autre organisme.

Enfin cette entraide administrative est primordiale pour l'assuré. En effet, toute demande ou tout recours présenté à un organisme de sécurité sociale d'un pays contractant a le même effet que s'il était présenté devant l'institution administrative du pays compétent. Aussi le travailleur migrant qui a regagné son pays d'origine peut-il correspondre avec l'institution compétente étrangère par l'intermédiaire des institutions de son pays ce qui facilite grandement l'accomplissement des formalités requises.

Dans certains cas l'application des accords internationaux, notamment les accords multilatéraux complexes, a conduit à créer des organes techniques spécialisés comme le Centre administratif de la sécurité sociale pour les bateliers rhénans ou la Commission administrative pour la sécurité sociale des travailleurs migrants chargée de l'application des Règlements communautaires 1408/71 et 574/72. Cette dernière prend des décisions d'interprétation des règlements. Sa décision, discutée et adoptée par l'ensemble des Etats membres qui y siègent, est appliquée dans l'ensemble des Etats.

5. **Les formules de coordination.** — Les formules de coordination varient avec la catégorie des prestations concernées selon qu'il s'agit de prestations en nature (soins médicaux) ou en espèces, à court ou à long terme et aussi avec la situation du bénéficiaire selon qu'il se trouve ou non sur le territoire de l'Etat compétent.

A) *Prestations en nature.* — Le service des prestations en nature aux bénéficiaires qui résident ou séjournent sur le territoire d'une Partie contractante autre que l'Etat compétent est identique pour les assurances maladie, maternité, accident du travail et maladie professionnelle.

En cas de résidence sur le territoire d'une Partie contractante autre que l'Etat compétent, les prestations en nature sont accordées à toute personne qui satisfait aux conditions requises par la législation de cet Etat pour avoir droit aux prestations compte tenu, le cas échéant, de la totalisation des périodes d'assurance. Ces prestations sont servies par l'institution du lieu de résidence, selon les dispositions de la législation qu'elle applique et la charge en incombe à l'institution compétente. Les ayants droit, c'est-à-dire les membres de la famille qui ne disposent que de droits dérivés, bénéficient des prestations dans les mêmes conditions et selon les mêmes modalités.

L'accord international peut aussi fixer les conditions de service des prestations en nature en cas de séjour temporaire dans l'Etat compétent ou sur le territoire d'une Partie contractante.

D'une manière générale, dans toutes les situations considérées où le droit aux prestations est ouvert au titre de la législation de l'Etat compétent, la formule de coordination adoptée règle le service des prestations en nature conformément aux dispositions de la législation du pays de résidence ou de séjour des bénéficiaires, quant à l'étendue, la nature ou la durée du service des prestations, sous réserve de la limite de la durée éventuellement fixée par les législations de l'Etat compétent, pour le cas où des soins sont nécessités immédiatement au cours d'un séjour temporaire.

Les prestations ainsi servies sont à la charge de l'Etat compétent sauf évidemment renonciation éventuelle à remboursement inscrite dans l'accord de sécurité sociale.

B) *Prestations en espèces à court terme.* — A la différence des prestations en nature, les prestations en espèces à court terme des branches maladie, maternité, d'accident du travail et de maladie professionnelle sont normalement servies par l'institution compétente, c'est-à-dire l'institution du pays d'affiliation, selon la législation qu'elle applique et même lorsque le bénéficiaire réside ou séjourne sur le territoire d'une autre Partie contractante.

Toutefois, après accord entre institutions de sécurité sociale, les prestations peuvent être également servies par l'intermédiaire de l'institution du lieu de résidence ou de séjour, pour le compte bien sûr de l'institution débitrice des prestations.

Le service des prestations familiales diffère selon les accords internationaux. Dans les accords bilatéraux, les prestations sont servies pour le compte de l'Etat compétent par l'institution du pays de résidence des membres de la famille ouvrant droit auxdites prestations, selon un barème spécifique défini par la convention et révisable.

Dans les accords bilatéraux signés par la France, les prestations perçues par les familles restées dans le pays d'origine ne peuvent être qualifiées de prestations familiales, au sens de la législation française. Il s'agit principalement soit de prestations transférables prévues par un barème annexé à la Convention et renégocié périodiquement, soit d'un système de participation forfaitaire aux charges de famille.

Dans le cadre des accords multilatéraux et notamment des Règlements communautaires 1408/71 et 574/71, à la suite de l'arrêt de la Cour de justice des communautés européennes du 15 janvier 1986 (arrêt Pinna), les prestations familiales servies doivent être celles du pays d'emploi du travailleur, pays compétent, quel que soit le lieu de résidence des enfants[1], dès lors qu'elles sont dans le champ d'application du Règlement.

C) *Prestations en espèces à long terme.* — En matière de pension d'invalidité, de vieillesse et de survivants, la formule classique et la plus répandue est la formule de calcul *prorata temporis,* qui consiste pour chaque institution compétente à déterminer le montant théorique de la pension qui serait due à l'intéressé au titre de la législation qu'elle applique, si toutes les périodes prises en compte au moyen de la totalisation avaient été accomplies sous cette législation, puis à calculer le montant effectivement dû *prorata temporis* des périodes accomplies sous la même législation par rapport à l'ensemble des périodes accomplies sous les diverses législations auxquelles le travailleur migrant ou le membre de sa famille a été soumis.

Toutefois, dans certains cas, les pensions peuvent être accordées et liquidées au titre de la législation d'une seule Partie contractante, si la législation de cette partie le permet et si l'accord international le prévoit.

La convention bi- ou multinationale peut aussi prévoir le transfert des droits acquis en matière de vieillesse à l'institution compétente de l'Etat de résidence du travailleur ou à l'institution auprès de laquelle l'intéressé a accompli sa carrière la plus longue.

1. Cf. *infra,* p. 84.

D) *Réglementation des cumuls.* — La coordination des législations de sécurité sociale nécessite une réglementation des cumuls soit pour donner effet aux dispositions nationales existant en la matière, soit pour éliminer le concours indû d'avantages qui pourrait résulter de la coordination elle-même et, notamment, du service des prestations hors de l'Etat compétent.

Les conventions internationales bilatérales ou multilatérales, prévoient des règles généralement identiques. Elles sont au nombre de deux principalement :

— la convention ne peut conférer ni maintenir le droit de bénéficier de plusieurs prestations de même nature ou de plusieurs prestations se rapportant à une même période d'assurance obligatoire ;
— les clauses de réduction, de suspension ou suppression prévues par la législation d'une Partie contractante, en cas de cumul d'une prestation avec d'autres prestations ou d'autres revenus ou du fait de l'exercice d'une activité professionnelle sont opposables aux bénéficiaires, même s'il s'agit de prestations acquises au titre de la législation d'une autre Partie contractante ou s'il s'agit de revenus obtenus ou d'une activité exercée sur le territoire d'une autre Partie contractante.

Pour l'application de ces règles, on ne tient pas compte des prestations d'invalidité, de vieillesse de survivants ou de maladies professionnelles liquidées par les institutions des Parties contractantes, selon les formules de coordination ci-dessus exposées.

Des clauses spécifiques relatives au cumul de certaines prestations peuvent être précisées pour les cas qui ne seraient pas prévus par les législations nationales qui pourraient résulter de l'application des conventions internationales. Il s'agit essentiellement de prestations de maternité, des allocations au décès et des prestations familiales.

La convention fixe la législation au titre de laquelle ces prestations seront exclusivement attribuées. Le critère retenu est généralement celui du lieu où l'éventualité est survenue, pour les prestations de maternité et les allocations au décès. Pour les prestations familiales, la priorité est accordée à la législation applicable dans le pays d'emploi du travailleur migrant[1].

III. — Les instruments de coordination

1. **Les conventions bilatérales.** — La convention bilatérale de sécurité sociale va lier deux Etats. Les conventions internationales bilatérales se multiplient après la Seconde Guerre mondiale, en raison de l'extension des migrations de travailleurs et de la décolonisation, donc de l'apparition de nouveaux Etats qui ont fourni de la main-d'œuvre qui rentre après son activité professionnelle dans le pays d'origine. Il existe actuellement plus de 400 conventions bilatérales de sécurité sociale. Ces textes s'accompagnent le plus souvent de dispositions d'application principalement appelées : arrangement administratif.

Les conventions bilatérales de sécurité sociale contiennent, en règle générale, des dispositions identiques. Néanmoins, leur champ d'application respectif dépend du niveau de la protection sociale atteint par chaque Partie contractante. Les conventions conclues entre les pays industrialisés ont un champ d'application matériel qui couvre l'ensemble des branches traditionnelles de la sécurité sociale et leur champ d'application personnel peut s'étendre aux travailleurs non salariés.

En revanche certains accords bilatéraux peuvent ne concerner que les travailleurs salariés et assimilés ainsi que leurs ayants droit.

1. Cf. *Revue belge de sécurité sociale,* janvier 1979, G. Perrin, p. 1 et s.

Quoi qu'il en soit, ces conventions appliquent les principes ci-dessus analysés : unicité de la législation applicable, réciprocité, égalité de traitement, maintien des droits acquis et des droits en cours d'acquisition et service des prestations hors de l'Etat compétent ainsi que l'entraide administrative.

Les conventions bilatérales présentent l'utilité de s'adapter parfaitement à la situation de chaque Partie prenante. Cette souplesse constitue aussi une faiblesse compte tenu de la grande diversité des solutions retenues. Leur champ d'application limité, dans la plupart des cas, aux territoires des Parties contractantes, exclut les travailleurs qui ont été occupés successivement dans plus de deux pays.

Les instruments internationaux, qu'ils soient bilatéraux ou multilatéraux, sont pour être appliqués dans l'ordre juridique interne, subordonnés à une ratification ou à une approbation, à l'exception des règlements communautaires.

2. **Les instruments de l'Organisation internationale du travail (OIT).** — L'action en faveur des travailleurs migrants trouve son origine même dans la Constitution de l'OIT qui fait référence à la « défense des intérêts des travailleurs occupés à l'étranger ». Dès sa création, cette Organisation a adopté un grand nombre de conventions et de recommandations consacrées à la coordination des législations de sécurité sociale ou contenant des dispositions relatives à cette question. Abstraction faite des conventions qui ont été révisées et remplacées par un nouveau texte, les instruments de coordination de l'OIT les plus importants peuvent être chronologiquement résumés comme suit :

La Convention (n° 2) sur le chômage, 1919, prévoit dans son article 3 que les Etats contractants doivent prendre, par des arrangements conclus avec les autres Etats contractants, des dispositions appliquant aux travailleurs étrangers, ressortissants des Etats contractants, l'égalité de traitement en matière d'indemnités d'assurance chômage.

La Convention (nº 19) sur l'égalité de traitement (accidents du travail), 1925, prévoit que tout Etat contractant accorde aux ressortissants de tout autre Etat contractant, victimes d'accident du travail sur son territoire, ainsi qu'à leurs ayants droit, une égalité de traitement avec ses propres ressortissants, et ceci sans condition de résidence. Le paiement à effectuer en vertu de la Convention, en dehors du territoire national doit être réglé par des dispositions à prendre, si possible dans le cadre d'accords avec les autres Etats intéressés. La Recommandation (nº 25), 1925, complète la Convention 19 en préconisant des mesures visant à faciliter l'octroi de l'égalité de traitement aux travailleurs étrangers en matière de réparation des accidents du travail, par exemple en facilitant le versement des sommes dues aux bénéficiaires résidant à l'étranger.

La Convention (nº 44) du chômage, 1934, prévoit que les étrangers doivent également avoir droit aux indemnités et allocations de chômage comme les nationaux à l'exception de prestations en provenance de fonds auxquels l'étranger n'a pas contribué.

La Convention (nº 70) sur la sécurité sociale des gens de mer, 1946, prévoit le principe de l'égalité de traitement, sans distinction de nationalité ou de race ; faute d'un nombre suffisant de ratifications, elle n'est pas entrée en vigueur.

La Convention (nº 97) sur les travailleurs migrants (révisée), 1949, garantit, sous certaines réserves, que les immigrants se trouvant légalement sur le territoire d'un Etat contractant, bénéficient, sans discrimination de nationalité, de l'égalité de traitement, sauf en ce qui concerne les prestations payées exclusivement sur les fonds publics et les allocations versées en relation avec l'attribution d'une pension normale. La Recommandation (nº 86) complète la Convention précitée et contient une annexe qui prévoit, la conclusion d'accords bilatéraux pour assurer l'égalité de traitement et la conservation des droits acquis et en cours d'acquisition.

La Convention (nº 102) concernant la sécurité sociale (norme minimum), 1952, fixe essentiellement un ensemble de règles minimum applicables dans les différentes branches de sécurité sociale ; elle contient également un article intitulé « Egalité de traitement des résidents non nationaux » qui prévoit que ces derniers doivent avoir les mêmes droits que les nationaux, sauf toutefois pour les prestations ou fractions de prestations financées exclusivement ou d'une manière prépondérante par des fonds publics. En cas de protection des salariés par un système de sécurité sociale contributif, les personnes protégées qui sont des nationaux d'un autre Etat ayant accepté la même branche correspondante doivent bénéficier à cet égard des mêmes droits que les nationaux ; ce principe peut être subordonné à un accord bi- ou multilatéral prévoyant une réciprocité. Cette convention a été et reste encore une convention de référence pour la sécurité sociale.

La Convention (nº 103) sur la protection de la maternité (révisée), 1952, prévoit que les droits protégés par cette convention doivent être reconnus à toute femme abstraction faite de sa nationalité.

La Convention (nº 118) sur l'égalité de traitement (sécurité sociale), 1962, prévoit l'obligation par un Etat contractant d'accorder l'égalité de traitement aux ressortissants de tout autre Etat contractant. L'égalité de traitement qui doit être accordée en principe sans condition de résidence (exception faite pour les prestations des régimes non contributifs) est prévue pour les neuf branches de la Convention nº 102, mais la Convention nº 118 peut être ratifiée pour seulement une ou plusieurs branches de la Convention nº 102.

La Convention (nº 121) sur les prestations en cas d'accidents du travail et de maladies professionnelles, 1964, impose à tout Etat de garantir sur son territoire aux non-nationaux l'égalité de traitement avec ses ressortissants. La Convention (nº 130), 1969, concernant les soins médicaux et les indemnités de maladie, contient une formule analogue.

La Convention (nº 143) sur les travailleurs migrants (dispositions complémentaires), 1975, traite dans sa partie II de l'égalité de chance et de traitement pour les migrants et leurs familles. La Recommandation nº 151 sur la même question contient des dispositions plus détaillées sur l'égalité de chance et de traitement, la politique sociale, l'emploi et la résidence.

La Convention (nº 157) sur la conservation des droits en matière de sécurité sociale, 1982, révise la Convention nº 48 (sur la conservation des droits à pension des migrants, 1935) et traite de la conservation des droits en cours d'acquisition, des droits acquis et du service des prestations à l'étranger. La Convention est une convention cadre, fixant des principes. En effet, elle fait une distinction entre les dispositions directement applicables et celles dont l'application dépend de la conclusion d'accords bi- ou multilatéraux et elle prévoit des possibilités de dérogations. En outre, son champ d'application personnel concerne non seulement les travailleurs salariés et indépendants mais également les personnes non actives et elle couvre les prestations correspondant aux neuf branches classiques de la sécurité sociale. Enfin, elle comporte des dispositions relatives à l'entraide administrative et à l'assistance aux personnes auxquelles s'applique la Convention.

La Recommandation (nº 167) sur la conservation des droits en matière de sécurité sociale, 1983, complète la Convention (nº 157) ; elle est destinée à favoriser la conclusion d'instruments bi- ou multilatéraux pour l'application des Conventions n°s 118 et 157 et contient à cet effet des dispositions types ainsi qu'un accord modèle pour leur coordination.

Parmi les instruments de l'OIT, il faut également citer, l'*Accord européen concernant l'octroi des soins médicaux aux personnes en séjour temporaire et l'arrangement pour l'application de cet accord.*

L'intensification des voyages entre les différents Etats d'Europe à partir de la décennie 1970-1980 et l'augmentation corrélative du risque de voir un nombre grandissant de personnes tomber malades à l'étranger ont été à l'origine de cet accord.

Des experts gouvernementaux des pays d'Europe de l'Ouest et de l'Est ont élaboré au cours de deux réunions préparatoires organisées en 1978 et 1979 conjointement par le Bureau international du travail et le Conseil de l'Europe des dispositions qui furent adoptées lors d'une Conférence gouvernementale convoquée à Genève par le Bureau international du travail, du 14 au 17 octobre 1980.

Ces dispositions prévoient que « toute personne assurée, ou protégée d'une quelconque façon au titre de la législation d'un Etat contractant en matière de soins médicaux, et séjournant temporairement sur le territoire d'un autre Etat contractant, peut faire valoir le droit à ces soins dans ce dernier pays comme si elle y avait droit en vertu de la législation de ce pays ».

Ces soins médicaux doivent se révéler immédiatement nécessaires et être dispensés jusqu'à la guérison ou jusqu'à ce que l'état de santé du patient lui permette de retourner ou d'être rapatrié sur le territoire de l'Etat où il réside.

L'octroi de prothèses, de grand appareillage et d'autres prestations en nature d'importance, est subordonné, à l'exception des cas d'urgence absolue, à l'autorisation de l'institution compétente.

Pour son application pratique, des arrangements biou multilatéraux doivent être conclus entre les Etats contractants. Le Bureau international du travail a élaboré un arrangement modèle pour faciliter la conclusion de ces arrangements bi- ou multilatéraux. En s'inspirant de cet arrangement modèle ainsi que de la Recommandation n° R (86) 4 du Comité des ministres du Conseil de l'Europe pour l'utilisation d'un formulaire européen pour l'octroi des soins médicaux aux personnes en séjour temporaire à l'étranger, les experts gouvernementaux du Conseil de l'Europe ont élaboré un arrangement pour l'application de l'accord qui fut ouvert à signature le 26 mai 1988.

3. **Les Règlements communautaires.** — Les articles 189 et suivants du traité de Rome énumèrent la hiérarchie et les sources du droit communautaire qui vont contribuer à l'élaboration du droit social communautaire. Le règlement fait partie de ces sources. Il a une portée générale. Il est adopté par le Conseil ou plus rarement par la Commission et est obligatoire dans tous ses éléments. Il est directement applicable dans l'ordre juridique interne des Etats membres. Le règlement communautaire est publié au *Journal officiel de la Communauté* et entre en vigueur soit à la date qu'il fixe, soit au plus tard le vingtième jour suivant sa publication.

Le règlement est une véritable loi applicable dans l'ensemble des Etats membres par toutes les personnes morales et il crée des droits pour les particuliers. Il se substitue à toute disposition nationale antérieure qui lui serait contraire.

Les Règlements communautaires 1408/71 et 574/72 appartiennent à la catégorie des instruments internationaux multilatéraux de sécurité sociale. Toutefois, ces instruments se distinguent très nettement des autres instruments multilatéraux dans la mesure où la coordination des législations nationales de sécurité sociale sur le plan communautaire est conçue en fonction de l'établissement de la libre circulation des travailleurs à l'intérieur de la communauté.

L'article 48 du traité de Rome prévoit, en effet, que : « La libre circulation des travailleurs à l'intérieur de la communauté... implique l'abolition de toute discrimination, fondée sur la nationalité entre les travailleurs des Etats membres, en ce qui concerne l'emploi, la rémunération et les autres conditions de travail. »

Bien que les législations nationales de sécurité sociale des Etats membres de la Communauté européenne fussent des législations développées, les différences qui existaient entre elles, constituaient autant d'obstacles à la mobilité des travailleurs. Aussi les auteurs du traité de Rome ont-ils confié au Conseil, à l'article 51 dudit traité, la mission d'adopter dans le domaine de la sécurité sociale les mesures nécessaires pour l'établissement de la libre circulation des travailleurs, en instituant notamment un système permettant d'assurer aux travailleurs migrants et à leurs ayants droit les règles nécessaires à la coordination des législations.

L'article 51 précise, en outre, les techniques juridiques à utiliser pour y parvenir :

— la totalisation pour l'ouverture et le maintien du droit aux prestations ainsi que pour le calcul de celles-ci de toute période prise en considération par les différentes législations nationales ;
— le paiement des prestations aux personnes résidant sur les territoires des Etats membres.

Là réside donc l'originalité du droit communautaire de la sécurité sociale par rapport au droit international classique. L'établissement de la libre circulation — objectif fondamental du traité de Rome — va déterminer toute l'interprétation et l'application des dispositions spécifiques de sécurité sociale. C'est ainsi que la

Cour de justice des Communautés européennes, dès ses premiers arrêts rendus en matière de sécurité sociale, a toujours replacé l'article 51 du traité dans son contexte, à savoir l'établissement de la libre circulation des travailleurs.

Elle usera donc de la méthode d'interprétation téléologique, c'est-à-dire qu'elle juge en fonction des finalités assignées par le traité de Rome.

Le principe de la libre circulation se trouvait déjà en germe dans l'article 69, alinéa 4 du traité instaurant la CECA puisque celui-ci prévoyait : « *Ils (les Etats membres) interdiront toute discrimination dans la rémunération et les conditions de travail entre travailleurs nationaux et travailleurs immigrés ; ... ils rechercheront entre eux tous arrangements qui demeureraient nécessaires pour que les dispositions relatives à la sécurité sociale ne forment pas obstacle aux mouvements de main-d'œuvre.* »

Aussi les Règlements communautaires jouissent-ils d'une place très spéciale dans le droit international de la sécurité sociale, l'objectif des conventions internationales bilatérales n'étant pas d'organiser la libre circulation des travailleurs d'une entité géographique, mais plus simplement de reconnaître le droit des travailleurs migrants à une protection sociale.

Il résulte donc de cet objectif de libre circulation un certain nombre de différences avec les règles classiques de coordination telles qu'elles ont été décrites précédemment. Si la coordination communautaire ne diffère pas fondamentalement de celle qui est assurée par le droit international classique, sa portée en diffère, néanmoins, puisqu'elle doit satisfaire à l'objectif d'instaurer la libre circulation des personnes à l'intérieur de la Communauté.

Par ailleurs, l'existence de la Cour de justice des communautés européennes et son rôle particulièrement actif dans l'élaboration du droit communautaire de la sécurité sociale conduisent à une étude particulière de ces règlements qui sont appliqués quotidiennement.

Les Règlements communautaires couvrent l'ensemble des branches traditionnelles de la sécurité sociale, y compris le chômage. Ne sont pas inclus dans le champ d'application matériel des règlements certains régimes spéciaux de travailleurs non salariés, ainsi que les régimes de retraites complémentaires des salariés et des non-salariés. La coordination des régimes complémentaires serait très compliquée en raison des différences et de l'extrême diversité des régimes nationaux.

A) *Le champ d'application personnel et matériel des Règlements communautaires.*

a) Le champ d'application personnel. — Les Règlements communautaires s'appliquent à tous les travailleurs salariés ou non salariés[1], ainsi qu'aux membres de leurs familles et à leurs survivants ressortissants d'Etats membres de la Communauté qui sont, ou ont été soumis à la législation de sécurité sociale de l'un ou de plusieurs de ces Etats. L'application du Règlement est étendue aux apatrides et réfugiés résidant sur le territoire de l'un des Etats membres.

L'application des règlements européens n'a lieu que lorsque deux législations nationales différentes de deux Etats membres sont en jeu. La Cour de justice a jugé qu'un ressortissant communautaire ne peut invoquer les règlements pour s'opposer à l'application, à son égard, de la législation de son propre pays. Un travailleur qui n'a jamais, résidé, séjourné ou travaillé sur le territoire d'un autre Etat membre ne peut donc bénéficier des Règlements.

1. A compter du 1er juillet 1982 (cf. les Règlements nos 1320/81 du 12 mai 1981 et 3795/81 du 8 décembre 1981).

Ils s'appliquent, en principe, à tout ressortissant de l'un des Etats membres qui, dans l'un de ces Etats, est assuré obligatoire, à titre professionnel ou en qualité de résident selon les différentes législations, ou assuré volontaire.

La qualité de travailleur au sens des Règlements relève non du droit interne des Etats membres mais du droit communautaire. La Cour de justice a donné une interprétation large de cette notion. Elle est acquise dès lors que le travailleur satisfait aux conditions fixées par le régime national de sécurité sociale qui lui est applicable.

Selon une jurisprudence constante de la Cour de justice des communautés européennes (affaire Unger 75/63), l'expression travailleur salarié ou assimilé vise *« tous ceux qui, en tant que tels et sous quelque appellation que ce soit, se trouvent couverts par les différents systèmes nationaux de sécurité sociale »*. En résumé, c'est le rattachement à un système de sécurité sociale pour travailleurs qui confère la qualité de travailleur au sens des Règlements. Très vite cette notion a été étendue, que le travailleur soit un migrant ou non. L'évolution devait aboutir à la définition figurant dans les Règlements actuels et on peut donc dire qu'est travailleur salarié ou non salarié au sens communautaire du terme, toute personne qui est assujettie à un régime de sécurité sociale.

De la jurisprudence Unger à la jurisprudence Pierik, la Cour a, en effet, constamment pris en compte l'objectif de libre circulation des travailleurs et a conféré la qualité de travailleur salarié ou non salarié à toute personne qui possède la qualité d'assuré au titre de la législation d'un ou de plusieurs Etats membres.

Les membres de la famille et les survivants pourront bénéficier des Règlements dès lors que les législations nationales les considèrent comme tels. Toutefois, les membres de la famille et les survivants ne possèdent pas, au regard des Règlements, le même statut que le travailleur ressortissant d'un Etat membre. Ils ne peuvent prétendre qu'aux avantages qui sont expressément prévus en leur faveur et non, par assimilation, à l'ensemble du système de coordination institué en faveur des travailleurs. En fait, selon la Cour de justice des communautés européennes (affaire Kermaschek 40/76), les membres de la famille ne jouissent pas d'un droit autonome de libre circulation analogue à celui du travailleur. En revanche, ils bénéficient du droit de s'installer conformément à l'article 10 du Règlement 1612/68.

Les fonctionnaires et assimilés bénéficient des Règlements communautaires dans la mesure seulement où ils sont ou ont été soumis à une législation nationale à laquelle le règlement est applicable. En revanche, s'ils bénéficient de dispositions spéciales prévues par un statut, ils ne peuvent prétendre au bénéfice du Règlement communautaire. Il en est de même des agents diplomatiques et consulaires qui sont couverts par la Convention de Vienne sur les relations consulaires du 24 avril 1963.

Les Règlements couvrent aussi les travailleurs frontaliers et les travailleurs saisonniers.

En résumé, le champ d'application personnel des Règlements CEE 1408/71 et 574/72 est extrêmement étendu. Ne peuvent prétendre à l'application de ces Règlements[1] :

— les ressortissants des pays tiers, non membres de la famille ou survivants d'un travailleur ;
— les membres de la famille, ressortissants d'Etat tiers revendiquant des droits à prestations en leur qualité propre ;

1. Les étudiants qui ne sont pas des travailleurs au sens des Règlements ou membres de la famille d'un travailleur ne sont pas concernés par la coordination communautaire des régimes de sécurité sociale.

— les assurés volontaires ne travaillant pas ou ne remplissant pas les conditions d'affiliation antérieure obligatoire;
— les fonctionnaires bénéficiant d'un régime spécial;
— les non-assurés.

b) Le champ d'application matériel. — Les Règlements communautaires s'appliquent aux branches de sécurité sociale concernant : les prestations familiales, les prestations de l'assurance maladie, de maternité, d'invalidité, de vieillesse, de survivants et d'accidents du travail et de maladies professionnelles, de décès et de chômage.

Sont exclues de la coordination communautaire, l'assistance sociale et médicale, les prestations en faveur des victimes de la guerre ou de ses conséquences, les régimes complémentaires de retraite.

La distinction entre prestations de sécurité sociale et d'assistance sociale est particulièrement difficile à établir. Elle soulève des difficultés non seulement dans les régimes où les prestations sont financées par l'impôt, mais aussi dans les systèmes professionnels où les organismes de sécurité sociale peuvent servir des prestations qui ne sont nullement la contrepartie de cotisations versées ou de l'exercice d'une activité professionnelle.

Les prestations d'assistance sociale sont généralement distinctes des prestations de sécurité sociale dans la mesure où elles sont destinées à pallier une situation de besoins établie après une enquête sur les ressources de l'intéressé, le service de la prestation n'étant pas subordonné à une condition d'emploi ou de résidence.

Dans la législation française, existent des prestations qui sont qualifiées de non contributives parce qu'elles sont octroyées sans contrepartie de cotisations et financées exclusivement sur fonds publics. Ce critère n'a pourtant pas été suffisant pour la Cour de justice des communautés européennes pour les soustraire du champ d'application matériel des Règlements communautaires. C'est ainsi que la Cour de justice des communautés européennes a estimé dans une série d'arrêts concordants que les prestations françaises telles que : l'allocation aux vieux travailleurs salariés, l'allocation supplémentaire du FNS (Fonds national de solidarité), l'allocation aux adultes handicapés, l'allocation aux mères de famille, allocation spéciale de vieillesse étaient des prestations qui restaient dans le champ d'application matériel des règlements et qu'elles étaient exportables en vertu de l'article 10 du Règlement 1408/71.

Ces décisions ont conduit les Etats membres à définir une nouvelle catégorie de prestations sociales entrant dans le champ d'application des Règlements communautaires : les prestations spéciales à caractère non contributif.

La réglementation communautaire en matière de sécurité sociale s'est enrichie le 30 avril 1992 d'un nouveau règlement modifiant le Règlement 1408/71. Le Règlement 1247/92 introduit dans le droit communautaire de la protection sociale, la notion de « prestations spéciales à caractère non contributif ». Cette innovation juridique est due à la contradiction entre la législation française et les dispositions de l'article 4 du Règlement définissant la notion de prestation de sécurité sociale au sens du droit communautaire européen d'une part, et les dispositions de l'article 10 relatives à la levée des clauses de résidence d'autre part.

Applicable au 1er juin 1992, ce Règlement résout désormais le problème, en ajoutant un § 2 *bis* nouveau aux dispositions de l'article 4 qui institue aux côtés des prestations de sécurité sociale la notion de prestations spéciales à caractère non contributif qui, bien que, distinctes dans leur nature, dans leurs conditions d'attribution, dans leur financement et dans leur régime juridique des prestations de sécurité sociale au sens communautaire de l'expression, entrent, néanmoins, dans le champ d'application du Règlement 1408/71. Ces prestations, à caractère non contributif, sont servies exclusivement aux personnes résidant sur le territoire de l'Etat membre au titre de la législation duquel elles sont titulaires de ces prestations. A compter du 1er juin 1992, l'allocation supplémentaire du FNS ne sera donc plus servie aux ressortissants d'un Etat membre qui ne résiderait pas en France. Toutefois, pour tenir compte de la jurisprudence constante de la Cour de justice des communautés européennes depuis 1974, et afin de consacrer l'autorité de la chose jugée, mise à mal entre 1979 et 1992, le Règlement 1247 prévoit des dispositions très favorables pour le maintien des droits acquis par les ressortissants communautaires qui n'avaient pu faire valoir leur droit ou qui avaient vu leur droit suspendu à l'occasion d'un transfert de résidence.

Les règlements européens de sécurité sociale coordonnent les régimes de sécurité sociale, généraux et spéciaux des Etats membres. Chaque Etat membre doit énumérer les législations, régimes, et prestations minimum de vieillesse couverts par la coordination communautaire. Ces énumérations font l'objet de déclarations officielles adressées au président du Conseil des communautés européennes avec indication de leur date d'entrée en vigueur et sont publiées au *Journal officiel des Communautés.* Toutefois, la Cour de justice des communautés européennes a considéré que « la circonstance qu'une loi ou réglementation nationale n'a pas été mentionnée aux déclarations des Etats, visées à l'article 5 du Règlement, ne saurait par elle-même, établir que cette loi ou réglementation ne relève pas du champ d'application du Règlement ».

La définition des législations incluses dans la coordination communautaire a donc une portée très extensive.

Le Règlement communautaire se substitue, en principe, aux dispositions des conventions intervenues soit entre deux, soit entre plusieurs Etats membres. Toutefois, il ne porte pas atteinte aux obligations découlant des conventions adoptées par l'Organisation internationale du travail lorsqu'elles sont ratifiées et entrées en vigueur ainsi que des Accords intérimaires du 11 décembre 1953 conclus entre les Etats membres du Conseil de l'Europe. Sont aussi applicables les dispositions de l'Accord du 3 novembre 1979 concernant la sécurité sociale des bateliers rhénans, de la Convention européenne du 1er juillet 1956 relative à la sécurité sociale des transports internationaux et certaines dispositions des conventions bilatérales antérieures aux règlements, dès lors qu'elles sont mentionnées à l'annexe III du Règlement 1408/71.

L'établissement de la libre circulation des personnes à l'intérieur de la Communauté implique le respect du principe de l'égalité de traitement entre ressortissants communautaires. L'article 48, § 2 du traité de Rome prévoit que la libre circulation « implique l'abolition de toute discrimination fondée sur la nationalité entre les travailleurs des Etats membres en ce qui concerne l'emploi, la rémunération et les autres conditions de travail ».

L'article 7, alinéa 1 du traité précise « dans le domaine d'application du présent traité et sans préjudice des dispositions particulières qu'il prévoit, est interdite toute discrimination exercée en raison de la nationalité ».

L'égalité de traitement est donc un principe fondamental du Règlement 1408/71, il est fixé à l'article 3 dudit Règlement : *« Les personnes qui résident sur le territoire de l'un des Etats membres et auxquelles les dispositions du présent Règlement sont applicables, sont soumises aux obligations et sont admises au bénéfice de la législation de tout Etat membre dans les mêmes conditions que les ressortissants de celui-ci, sous réserve de dispositions particulières contenues dans le présent Règlement.* » On a vu que la réciprocité pouvait être une réciprocité limitée ou extensive. Dans le cadre du Règlement 1408/71 la réciprocité est considérée comme globale puisqu'il n'impose pas l'équivalence des avantages accordés branche par branche. En conséquence, l'octroi d'une prestation de sécurité sociale n'est pas conditionnée par la reconnaissance du droit à cette prestation sous la législation des autres Etats membres.

L'interdiction de la discrimination est absolue et inconditionnelle quelle que soit la nature ou la gravité de la discrimination. Elle s'impose à tous.

B) *La conservation des droits acquis et des droits en cours d'acquisition.* — Cette règle, classique dans le droit international de la sécurité sociale, poursuit en droit communautaire le même objectif : permettre l'exercice du droit de libre circulation. La conservation des droits acquis est, de surcroît, prévue par l'article 51 du traité de Rome.

Le maintien des droits acquis est réglé à l'article 10, § 1 du Règlement 1408/71 puisqu'il prévoit « à moins que le présent Règlement n'en dispose autrement, les prestations en espèces d'invalidité, de vieillesse ou de survivants, les rentes d'accidents du travail ou de maladies professionnelles et les allocations au décès acquises au titre de la législation d'un ou de plusieurs Etats membres, ne peuvent subir aucune réduction, ni modification, ni suspension, ni suppression, ni confiscation du fait que le bénéficiaire réside sur le territoire d'un Etat membre autre que celui où se trouve l'institution débitrice ».

Les autres prestations de sécurité sociale (maladie, chômage, prestations familiales) ne sont pas citées, mais elle ne sont pas exclues pour autant de l'exportation. Les règles qui leur sont applicables sont fixées par des dispositions particulières.

La levée des clauses de résidence s'applique dans le cadre de la Communauté tant pour le versement des prestations, ce qui est parfaitement classique, que pour l'acquisition du droit aux prestations. En effet, dans différents arrêts la Cour de justice des communautés européennes a jugé : « *Non seulement que l'intéressé conserve le droit de bénéficier des pensions, rentes et allocations acquises en vertu de la législation de l'un ou plusieurs Etats membres, même après avoir fixé sa résidence dans un autre Etat membre, mais également qu'on ne peut lui refuser l'acquisition d'un tel droit pour la seule raison qu'il ne réside pas sur le territoire de l'Etat où se trouve l'institution débitrice* » (affaire 92/81 Camera).

La restriction de la portée de l'article 10 du Règlement au seul paiement des prestations visées aurait un effet contraire aux dispositions de l'article 51 du traité, car elle réduirait la libre circulation des travailleurs. En effet, on peut imaginer qu'une législation nationale transforme la résidence sur le territoire national, conditionnant jusqu'alors le versement des prestations de sécurité sociale, en condition d'attribution pour que l'article 10 soit détourné. Cette jurisprudence a été confirmée à plusieurs reprises par la Cour de justice des communautés européennes et, notamment, dans l'arrêt rendu dans l'affaire 93/86 Giletti sur le refus de continuer à verser l'allocation supplémentaire du FNS du fait de la résidence de l'intéressé hors du territoire national. *« ... ni la naissance ni le maintien du droit aux prestations, rentes et allocations visées à cette disposition ne peuvent être refusés pour la seule raison que l'intéressé ne réside pas sur le territoire de l'Etat membre où se trouve l'institution débitrice. »*

La conservation des droits pour les prestations en nature de l'assurance maladie, maternité, les prestations de chômage, les allocations familiales et les prestations pour enfants à charge de titulaires de pension ou de rentes et pour orphelins est réglée au titre III du Règlement.

Pour le service de ces prestations, d'une manière générale, en cas de résidence des bénéficiaires dans un Etat membre autre que l'Etat compétent, les règles décrites pour la coordination bilatérale sont applicables.

La coordination communautaire étant plus développée, le Règlement a prévu le service des prestations en nature des assurances maladie-maternité en cas de séjour temporaire (vacances) ou dans le cas du transfert de résidence autorisé.

A l'occasion d'un séjour temporaire, l'affilié d'un Etat membre a droit aux prestations en nature (soins médicaux) pour le compte de l'institution compétente, par l'institution du lieu du séjour ou de résidence, selon la législation que cette institution applique, comme s'il y était affilié. La durée du service des prestations est, toutefois, réglée par l'institution d'affiliation. Les prestations en espèces peuvent être aussi servies selon les dispositions de la législation de l'Etat compétent.

Pour bénéficier de ces prestations, le bénéficiaire doit se trouver dans l'une des situations suivantes : les soins médicaux doivent être urgents, ou il doit avoir reçu l'autorisation de l'Etat compétent pour se rendre sur le territoire d'un autre Etat membre pour y recevoir des soins appropriés à son état.

Les prestations familiales ont fait l'objet d'une évolution récente du Règlement 1408/71 à la suite de l'arrêt Pinna (affaire 41/84) du 15 janvier 1986.

Les prestations familiales sont servies au travailleur salarié ou non salarié soumis à la législation d'un Etat membre pour les membres de sa famille qui résident sur le territoire d'un autre Etat membre, conformément aux dispositions de la législation du premier Etat, comme s'ils résidaient sur le territoire de celui-ci, sous réserve des dispositions de l'annexe VI.

Jusqu'à l'intervention de l'arrêt Pinna, la France bénéficiait d'un régime particulier qui lui permettait de servir les allocations familiales du pays de résidence des enfants et non les allocations familiales françaises. La Cour de justice a considéré que cette disposition créait une discrimination déguisée en fonction de la nationalité, contraire à l'article 48, § 2 du traité de Rome. Elle consacre ainsi la notion de discrimination indirecte et invalide les articles du Règlement qui avaient autorisé cette dérogation. Le Règlement 3427/89 du 30 octobre 1989 a donc modifié l'article 73 du Règlement en uniformisant les modalités de service des prestations familiales pour l'ensemble des Etats membres.

Pour la conservation des droits en cours d'acquisition, les règlements communautaires appliquent le principe de la totalisation-proratisation, expressément prévu par l'article 51 du traité. La totalisation de périodes, tant pour l'ouverture du droit que pour le calcul des prestations concerne les périodes accomplies dans tous les territoires des Etats membres. En revanche, les règlements n'imposent pas la prise en compte de périodes d'assurance accomplies dans les Etats tiers.

Le Règlement 1408/71 prévoyait un système simple pour le calcul des droits à pension du travailleur migrant qui avait été assuré dans différents Etats membres. Deux hypothèses pouvaient être envisagées :

— soit le travailleur migrant bénéficiait d'un droit autonome à pension dans l'Etat membre où il résidait, car il remplissait les conditions auxquelles l'attribution de la pension était subordonnée dans cet Etat ;

— soit, en raison de sa carrière dans différents Etats de la CE, il ne pouvait prétendre à aucune pension, car il ne remplissait pas les conditions requises par la législation de l'Etat membre de résidence pour l'ouverture du droit à pension. Dans ce cas, l'institution compétente appliquait, alors, la méthode de la totalisation-proratisation, tant pour l'ouverture du droit que pour le calcul de la pension.

Ainsi le travailleur qui avait été assuré dans deux Etats membres pouvait prétendre à deux pensions autonomes ou à deux pensions proratisées ou encore à une pension autonome et à une pension proratisée. Toutefois, pour éviter que ce cumul de pensions n'aboutisse à faire bénéficier le travailleur migrant d'un montant total de pension supérieur à ce qu'il aurait pu obtenir s'il était resté dans son pays d'origine, le Règlement 1408/71 avait instauré des limitations au cumul de pensions :

— en cas de cumul de pension de nature différente (pension de vieillesse et pension de réversion) les règles anticumul nationales pouvaient s'appliquer dans les limites fixées par l'article 7 du Règlement 574/72 ;
— en cas de cumul de pension de même nature (deux pensions d'invalidité ou deux pensions de vieillesse) les règles anticumul nationales ne pouvaient s'appliquer, mais une règle dite de l'écrêtement prévue à l'article 46, § 3 du Règlement 1408/71 permettait de réduire la ou les prestations autonomes lorsqu'en cas de cumul, la somme des prestations était supérieure au montant théorique le plus élevé (montant auquel l'intéressé aurait eu droit s'il avait effectué toute sa carrière dans l'Etat membre dont la législation lui était la plus favorable), jusqu'à concurrence de ce montant.

Toutefois, pour l'application de cette règle, la Cour de justice allait jouer un rôle important à la suite de l'arrêt Petroni (affaire 24/75) qui confirma la jurisprudence Ciechelski.

En effet, selon la Cour de justice, la totalisation des périodes d'assurance et la proratisation des prestations ne sauraient intervenir, sous peine d'être incompatibles avec l'article 51 du traité de Rome, si elles ont pour effet de réduire les prestations auxquelles le travailleur migrant peut prétendre en vertu de la seule législation nationale d'un Etat membre, sur la base des seules périodes d'assurance accomplies sous cette législation.

A la suite de l'arrêt Petroni les institutions des Etats membres ont donc cessé d'appliquer la règle de l'écrêtement et ont appliqué à la place les règles de réduction prévues par les législations nationales, alors que cette pratique n'était pas autorisée par l'article 12, § 2 du Règlement 1408/71 en cas de cumul de prestations de même nature. La Cour de justice a néanmoins admis cette pratique dans les arrêts Greco (affaire 37/77) et Mura I (affaire 22/77), tout en précisant que l'application de la législation nationale ne devait pas se révéler moins favorable que l'application du régime de totalisation proratisation prévu par le Règlement 1408/71 à l'article 46, § 2.

Ultérieurement dans d'autres arrêts la Cour de justice décida de rétablir l'application intégrale des dispositions de l'article 46, y compris le paragraphe relatif à l'écrêtement, mais seulement dans l'hypothèse où cette application aboutirait en définitive à un résultat plus favorable pour le travailleur migrant que l'application des règles anticumul nationales.

La complexité du système mis en place alourdissait et retardait considérablement la liquidation des pensions puisque trois types de réglementation pouvaient intervenir : pension nationale avec application des règles de limitation des cumuls, pension proportionnelle calculée selon la méthode de la totalisation-proratisation, pension écrêtée par application de l'article 46, § 3. Une révision du Règlement s'imposait donc.

Pour tenir compte de la jurisprudence de la Cour de justice, le Règlement n° 1248/92 du 30 avril 1992 modifie le Règlement 1408/71 et garantit au travailleur migrant une pension calculée selon le droit communautaire, dès lors que cette prestation s'avère plus favorable que celle qui serait accordée en vertu du seul droit national.

En effet, le nouveau système permet de ne plus appliquer que deux types de réglementation au lieu des trois qui étaient théoriquement en vigueur jusqu'à l'intervention de la modification du Règlement 1408/71.

Si l'application de la législation nationale y compris ses clauses anticumul, se révèle moins favorable que l'application du principe de totalisation-proratisation, ce dernier principe de calcul de la prestation doit être appliqué sans qu'il y ait lieu à procéder à un quelconque écrêtement.

L'application des dispositions anticumul nationales n'est permise qu'à des conditions strictes et dans des cas précis :

— Seules les clauses anticumul nationales qui ont unc portée externe expresse peuvent s'appliquer pour réduire une pension. Par exemple, les dispositions du décret n° 93-761 du 29 mars 1993 relatives à la prise en compte de prestations et de ressources d'origine étrangère pour l'attribution de certains avantages d'invalidité, de vieillesse ou de veuvage répondent bien aux conditions fixées par le Règlement 1408/71 modifié.

— En cas de cumul de pensions de même nature, la réduction ou la suppression ou la suspension des pensions autonomes ne peut intervenir que pour éviter des cumuls « abusifs » : c'est-à-dire les cumuls de prestations dont le montant est indépendant de la durée des périodes d'assurance ou de résidence (ex. la pension d'invalidité française) avec des prestations dont le montant varie en fonction de la durée de ces périodes (pensions de vieillesse).

— En cas de cumul de pensions de nature différente (pension de vieillesse et pension de réversion) pour éviter qu'une application conjointe des dispositions anticumul par deux ou plusieurs Etats membres ne produise un effet néfaste pour le travailleur migrant, le montant de la réduction des pensions est limité de façon très précise (art. 46 *quater* du Règlement 1408/71 modifié).

C) *Application du règlement : l'entraide administrative.* — La mise en œuvre de la coordination communautaire est assurée par les autorités compétentes, les institutions compétentes et les organismes de liaison. Les autorités compétentes sont mentionnées en annexe du Règlement. L'institution compétente est l'institution auprès de laquelle le travailleur migrant est affilié ou auprès de laquelle il a été affilié et qui va devenir débitrice, le cas échéant, de la prestation. Enfin, l'institution du lieu de résidence ou de séjour est l'institution qui sera désignée pour servir les prestations.

Dans certains Etats, il existe des organismes de liaison qui communiquent entre eux et qui règlent les difficultés rencontrées.

Comme dans les conventions bilatérales, l'entraide administrative joue un rôle essentiel pour la mise en œuvre pratique des règlements. Ainsi, dans l'affaire 55/77 Marguerite Maris, la Cour de justice des communautés européennes a jugé que l'article 84, § 4 du Règlement impose aux autorités, aux institutions et juridictions des Etats membres, l'obligation d'accepter, quelle que soit la réglementation nationale, toute requête, ou tous autres documents concernant l'application du Règlement rédigés dans une langue officielle d'un autre Etat membre sans qu'il soit permis d'établir des distinctions en fonction de la nationalité ou de la résidence des personnes intéressées.

En France, le Centre de sécurité sociale des travailleurs migrants joue le rôle d'organisme de liaison et de centre de traduction des documents.

Les demandes, déclarations ou recours à présenter dans un délai prescrit, auprès d'une autorité ou d'une institution ou juridiction d'un Etat membre sont recevables, s'ils sont introduits dans le même délai auprès de l'instance correspondante d'un autre Etat membre. La date de dépôt auprès d'un organisme de sécurité sociale de l'autre Etat est considérée comme la date de présentation de la demande auprès de l'institution compétente pour instruire le dossier. L'organisme auprès duquel la demande est présentée n'est, toutefois, pas compétent pour apprécier la recevabilité de la demande, déclaration ou recours dont il s'agit. Cette compétence ressortit uniquement à l'institution compétente pour en traiter au fond.

Il en est de même des expertises médicales qui peuvent être accomplies sur le territoire de l'Etat de résidence du demandeur ou bénéficiaire de la prestation sur la requête de l'institution débitrice de la prestation. L'expertise ainsi réalisée, en général selon les règles applicables dans l'Etat où elle est réalisée, est réputée avoir été effectuée sur le territoire de l'Etat compétent et a donc la même valeur.

Ces dispositions, qui réalisent fictivement une unicité de territoire, facilitent grandement l'application des règlements.

Enfin, les règlements entre institutions des prestations, versées pour le compte d'une autre institution, s'effectuent conformément au règlement et par l'intermédiaire des organismes de liaison désignés dans le Règlement 574/72.

La Commission administrative établit sur le rapport de la Commission des comptes une situation des créances pour chaque année civile. Les règlements financiers s'effectuent dans la monnaie nationale, le taux de conversion est calculé par la Commission et publié au *Journal officiel des communautés européennes.*

4. Les instruments du Conseil de l'Europe.

A) *Les Accords intérimaires européens de sécurité sociale.* — Suite à une recommandation adoptée par l'Assemblée parlementaire du Conseil de l'Europe en 1949 concernant l'égalité de traitement en matière de sécurité sociale au profit de tous les ressortissants des pays membres, le Comité des ministres a étudié la possibilité d'étendre à tous les Etats membres de cette Organisation la Convention multilatérale de sécurité sociale, signée en 1949 par les cinq Etats signataires du traité de Bruxelles (Belgique, France, Luxembourg, Pays-Bas, Royaume-Uni). Cette extension ne pouvait pas toutefois être réalisée avant un très long délai, la préparation d'accords provisoires multilatéraux a été donc retenue. Certains gouvernements ne pouvant, compte tenu de l'état de développement de leur législation, ratifier un texte portant sur l'ensemble de la sécurité sociale, deux accords ont été élaborés et adoptés traitant d'une part des régimes de sécurité sociale relatifs à la vieillesse, à l'invalidité et aux survivants et d'autre part des autres régimes.

Chacun de ces accords est assorti d'un Protocole qui étend le bénéfice de ses dispositions aux réfugiés au sens de la Convention de Genève de 1951.

Les deux accords visent un double objectif :

— assurer l'égalité de traitement sur le territoire de chaque Etat contractant au regard des lois et règlements de sécurité sociale entre les ressortissants de cet Etat et les ressortissants des autres Etats contractants ;

— étendre aux ressortissants de tous les Etats contractants des avantages découlant des conventions bi- ou multilatérales de sécurité sociale conclues entre deux ou plusieurs Etats contractants et qui sont énumérées dans les annexes aux accords.

Bénéficient des prestations couvertes par ces accords les ressortissants de l'une des Parties contractantes et résidant normalement sur le territoire de la Partie contractante qui accorde les prestations. Des conditions de durée de résidence sont exigées pour le bénéfice des prestations accordées par des régimes non contributifs.

Les accords et les protocoles sont en vigueur depuis 1954 et ratifiés actuellement par 17 Etats : Belgique, Chypre, Danemark, France, Allemagne, Grèce, Islande, Irlande, Italie, Luxembourg, Pays-Bas, Norvège, Portugal, Espagne, Suède, Turquie et Royaume-Uni.

Ils peuvent être ratifiés par les Etats non membres du Conseil de l'Europe sur invitation du Comité des ministres.

Ces accords sont, toujours, d'actualité puisqu'ils « permettent la solution de problèmes complexes qui ne peuvent être réglés par l'application des règlements européens de sécurité sociale ou par une convention bilatérale. Tel est le cas, par exemple, de l'octroi de soins de santé par une caisse française à un ressortissant suédois retraité du régime belge et résidant en France » (R. Bonnet).

B) *La Convention européenne de sécurité sociale et l'accord complémentaire pour l'application de la Convention européenne de sécurité sociale.* — Les Accords intérimaires européens de sécurité sociale de 1953 avaient, comme il est mentionné ci-dessus, un caractère provisoire et devaient être remplacés ultérieurement par un instrument plus développé garantissant une protection complète aux travailleurs migrants et, aux membres de leurs familles en matière de sécurité sociale. L'élaboration d'un tel instrument global ressort également de l'article 73 du Code européen de sécurité sociale de 1964 qui stipule que « les Parties contractantes s'efforceront de régler dans un instrument spécial les questions se rapportant à la sécurité sociale des étrangers et des migrants, notamment en ce qui concerne l'égalité de traitement avec les nationaux et la conservation des droits acquis ou en cours d'acquisition ».

Dès 1959 la rédaction de cette Convention débuta. La difficulté était réelle, car il s'agissait de coordonner des législations non seulement nombreuses mais également très diverses quant à leur origine, leur conception (conception bismarckienne, conception beveridgienne), leur degré d'évolution. En tenant compte des Accords intérimaires auxquels la Convention est appelée à se substituer, de la Convention n° 118 de l'OIT sur l'égalité de traitement (sécurité sociale), du Règlement n° 3 du Conseil de la communauté économique européenne concernant la sécurité sociale des travailleurs migrants[1], ainsi que des travaux de révision afférents qui ont abouti à l'élaboration du Règlement n° 1408/71 de 1971 et du Règlement n° 574/72 de 1972, la Convention a été élaborée et elle fut adoptée le 10 mars 1972.

Les quatre principes fondamentaux du droit international de la sécurité sociale constituent également le fondement de la Convention européenne de sécurité sociale, à savoir l'égalité de traitement, l'unicité de la législation applicable, la conservation des droits acquis ou en cours d'acquisition et le service des prestations à l'étranger.

Ces principes ayant déjà été traités plus haut, le pré-

1. Règlement qui a précédé les Règlements 1408/71 et 574/72.

sent chapitre se limite à décrire certaines spécificités de la Convention européenne, sans procéder à une comparaison avec les autres instruments de coordination.

La Convention européenne a un champ d'application matériel et personnel très large. Son champ d'application matériel a été calqué sur celui du Règlement n° 1408/71 et couvre toutes les branches et catégories de prestations, tous les régimes de sécurité sociale, généraux ou spéciaux, contributifs ou non, y compris les régimes relatifs aux obligations de l'employeur. L'application de régimes institués par voie d'accords collectifs rendus obligatoires sur décision des pouvoirs publics se fait au moyen d'accords bilatéraux ou multilatéraux entre Parties contractantes.

A l'origine le champ d'application personnel de la Convention, était plus étendu que celui du Règlement CEE n° 1408/71 ; il concernait, en effet, non seulement les travailleurs salariés, mais également les travailleurs indépendants et d'une manière générale toute personne qui est ou a été soumise à la législation d'une Partie contractante. Il y a toutefois lieu de rappeler que la révision du champ d'application personnel du Règlement n° 1408/71 est intervenue entre-temps.

Cette Convention européenne présente une originalité : elle est à la fois une convention cadre et une convention modèle. Elle est convention cadre dans le sens qu'elle n'est applicable dès son entrée en vigueur que pour une partie de ses dispositions. Elle est convention modèle puisque les dispositions non immédiatement applicables peuvent servir de modèle pour la conclusion d'accords bilatéraux ou multilatéraux.

Dans le cadre des cinq titres de la Convention :

— dispositions générales,
— dispositions relatives à la législation applicable,
— dispositions particulières aux différentes catégories de prestations,

— dispositions diverses,
— dispositions transitoires et finales,

sont immédiatement applicables :

- les articles des dispositions générales qui concernent en particulier le champ d'application matériel et personnel de la Convention, l'égalité de traitement, la revalorisation et le cumul des prestations ;
- les articles relatifs à la législation applicable ;
- les articles relatifs à la totalisation des périodes requises pour l'ouverture du droit et le calcul des prestations pour toutes les branches couvertes par la Convention ;
- les articles relatifs à certaines dispositions particulières en matière de maladie et maternité, invalidité, vieillesse et décès, ainsi qu'aux accidents du travail et maladies professionnelles ;
- les articles relatifs à certaines dispositions diverses et aux dispositions transitoires et finales.

Parmi les dispositions nécessitant la conclusion d'accords bi- ou multinationaux on peut citer notamment :

— l'octroi des prestations en nature de l'assurance maladie aux personnes qui résident sur le territoire d'une autre Partie contractante ou qui vont se faire soigner sur le territoire d'une autre Partie ;
— les modalités de validation des périodes comprises entre une et cinq années au titre des assurances invalidité vieillesse et décès ;
— les frais de transport des victimes d'accident du travail ou de maladies professionnelles ;
— les expertises médicales effectuées en dehors de l'Etat compétent ;
— le service des prestations familiales ;
— le maintien du droit aux prestations de chômage en cas de transfert de résidence.

La Convention se substitue aux conventions bi- ou multilatérales antérieures liant deux ou plusieurs Parties contractantes, et notamment aux Accords intérimaires. Les Parties contractantes sont cependant libres de maintenir entre elles, par inscription à l'annexe III, les conventions en vigueur ou certaines dispositions de celles-ci. Elles ont également la possibilité d'étendre l'application de conventions aux ressortissants de toutes les Parties contractantes. En tout état de cause, la Convention ne porte atteinte ni aux conventions de l'OIT, ni aux Règlements de la CE en matière de sécurité sociale des travailleurs migrants ou aux dispositions de sécurité sociale prises dans les accords d'association prévus par le traité de Rome, ni à certaines conventions spécifiques relatives à certaines catégories particulières de travailleurs.

Les dispositions de l'accord complémentaire ont été harmonisées très étroitement avec celles du Règlement n° 574/72. Elles permettent l'application des règles de la Convention qui sont directement applicables et peuvent ainsi servir de guide pour les dispositions applicables après conclusion d'accords bi- ou multilatéraux. Toutefois, les Parties contractantes ont la possibilité de fixer d'un commun accord des modalités d'application différentes, ce qui leur laisse une liberté d'action totale tout en respectant les objectifs fixés par la Convention.

A l'heure actuelle, la Convention européenne de sécurité sociale et son accord complémentaire sont ratifiés par l'Autriche, la Belgique, l'Italie, le Luxembourg, les Pays-Bas, le Portugal, l'Espagne et la Turquie.

Les diverses Parties contractantes ont, d'ores et déjà, élaboré respectivement des accords bi- ou multilatéraux pour l'application des dispositions soumises à de tels accords. A titre d'exemple il y a lieu de mentionner la Convention bilatérale conclue entre le Portugal et l'Autriche, entrée en vigueur le 1er mai 1987 et le projet d'accord conclu au niveau technique mais non encore signé par les gouvernements respectifs.

On peut néanmoins s'étonner du faible nombre de ratifications compte tenu de la valeur conceptuelle de cet instrument. Toutefois, à la suite de l'ouverture des frontières entre les pays d'Europe centrale et orientale, entre ces pays et les autres pays de l'Europe de l'Ouest et des flux migratoires qui en résulteront, il y a lieu de penser que cette Convention pourra être ratifiée par les nouveaux Etats membres du Conseil de l'Europe et ainsi entraîner des ratifications de la part des autres Etats membres. En outre, sur invitation du Comité des ministres, et avec l'accord unanime des Parties contractantes de la Convention, celle-ci peut également être ratifiée par des Etats non membres du Conseil de l'Europe.

Afin d'élargir le champ d'application personnel de cette Convention et d'accroître ainsi son importance sociale, un Protocole additionnel est en préparation, visant à protéger également les non-nationaux des Parties contractantes. En outre, une révision de la Convention permettant un accroissement du nombre de ratifications est envisagée.

C) *La Convention européenne relative au statut juridique du travailleur migrant.* — L'élaboration de cette Convention, dont le texte définitif fut adopté en mai 1977, s'inscrit dans la poursuite des objectifs fondamentaux du Conseil de l'Europe, notamment dans le domaine des droits de l'homme et des libertés fondamentales et dans la perspective des traités élaborés dans le domaine social.

Conformément à son préambule, la Convention cherche à régler la situation juridique des travailleurs migrants, ressortissants des Etats membres du Conseil de l'Europe, en vue de leur assurer, dans toute la mesure du possible, un traitement qui ne soit pas moins favorable que celui dont bénéficient les travailleurs nationaux de l'Etat d'accueil en matière de conditions de vie et de travail, elle vise aussi à faciliter la promotion sociale et le bien-être des travailleurs migrants et des membres de leur famille.

Le travailleur migrant est un ressortissant d'une Partie contractante autorisé par une autre Partie à séjourner sur son territoire pour occuper un emploi salarié ; cette notion ne comprend pas, par exemple, les travailleurs frontaliers, les artistes, les gens de mer, les stagiaires, les saisonniers.

En matière de sécurité sociale, la Convention prévoit d'une part, l'égalité de traitement du travailleur migrant et des membres de sa famille avec les nationaux de la Partie contractante sous réserve des conditions fixées par la législation nationale et les accords bi- et multilatéraux et d'autre part, la conservation des droits en cours d'acquisition et des droits acquis ainsi que le service des prestations à l'étranger au moyen d'accords bi- et multilatéraux.

En cas de retour du travailleur migrant, et afin de faciliter sa réinstallation dans son Etat d'origine, ce dernier doit communiquer avant le retour du travailleur migrant, à l'Etat d'accueil toute information à l'attention du travailleur portant, notamment, sur la conservation des droits acquis à l'étranger en matière de sécurité sociale. L'assistance sociale et médicale doit être accordée au même titre qu'aux nationaux selon les dispositions d'accords internationaux, notamment de la Convention européenne d'assistance sociale et médicale de 1953.

Pour apprécier la portée de ces dispositions, il faut savoir que :

— l'application de la Convention ne s'effectue pas sur une base de réciprocité ;

— les droits acquis par des législations nationales ou des accords bi- ou multilatéraux sont maintenus ;
— la Convention ne porte pas atteinte aux dispositions qui pourront entrer en vigueur en raison du droit interne ou du droit international et qui seront plus favorables ;
— la Convention prévoit la possibilité de formuler des réserves qui peuvent porter sur les dispositions de sécurité sociale.

De telles réserves ont été formulées par la France pour toutes les dispositions en matière de sécurité sociale et par la République fédérale d'Allemagne pour les aspects en matière de conservation des droits en cours d'acquisition et des droits acquis, et le service des prestations à l'étranger au moyen d'accords bi- ou multilatéraux.

Dans le cadre de l'article 33 qui concerne l'application de la Convention, un Comité consultatif a été institué en 1984, chargé :

— d'examiner les propositions pour faciliter et améliorer l'application de la Convention ;
— de présenter, le cas échéant, des avis, recommandations et propositions au Comité des ministres, relatifs à la mise en œuvre de la Convention ;
— d'établir à l'attention du Comité des ministres un rapport sur la législation des Parties se rapportant aux questions traitées par la Convention.

Le dernier rapport du Comité consultatif qui a été porté à la connaissance du Comité des ministres a porté sur la période de référence : 1er janvier 1989-30 juin 1990. Le cinquième rapport devra comporter des informations établies pour la première fois selon un formulaire, portant sur la période du 1er juillet 1990 au 31 décembre 1992.

Une étude portant sur les obstacles à la ratification

de la Convention entraîna une mise à jour de certaines dispositions de même que l'élaboration de normes internationales propres à de nouvelles catégories de migrants en relation avec la libéralisation de la circulation en Europe centrale et orientale. La préparation d'un Protocole additionnel à la Convention fut aussi décidée. Un avant-projet de Protocole, élaboré entre-temps comporte des dispositions spécifiques en matière de sécurité sociale en faveur des travailleurs frontaliers, des travailleurs saisonniers, des travailleurs sur projet et des travailleurs sans emploi spécifique.

D) *Charte sociale européenne.* — Le quatrième paragraphe de l'article 12 de la Charte sociale européenne (Droit à la sécurité sociale) est consacré à l'égalité de traitement des ressortissants des Parties contractantes en matière de sécurité sociale.

Cette disposition est donc très importante pour les travailleurs migrants, les membres de leur famille et pour toute personne séjournant ou ayant séjourné à l'étranger. Elle contient une triple obligation. L'Etat contractant doit :

— conclure des accords bi- ou multilatéraux en matière de sécurité sociale ;
— assurer par ces accords ou « par d'autres moyens » l'égalité de traitement entre les nationaux et ressortissants des autres Parties en matière de sécurité sociale ; et
— prévoir un système de coordination qui assure « l'octroi, le maintien et le rétablissement des droits à la sécurité sociale », par exemple par la totalisation des périodes d'assurance ou d'emploi.

Pour la réalisation de la première obligation, il s'agit essentiellement de ratifier et de respecter les dispositions des Accords intérimaires ou de la Convention européenne de sécurité sociale. Les Etats n'ayant pas ratifié ces instruments doivent s'efforcer de négocier des accords bi- ou multilatéraux. La deuxième obligation se réalise par le respect des traités mentionnés ci-dessus ou par d'autres moyens prévus par la législation nationale. La troisième obligation implique également l'exportation des prestations à l'étranger.

Pour mesurer l'influence de cette disposition de la Charte sur les législations nationales, on peut relever que la France, partie à la Charte sociale, a renforcé l'égalité de traitement entre étrangers et nationaux pour certaines prestations de sécurité sociale.

E) *Convention européenne d'assistance sociale et médicale.* — L'assistance sociale faisant partie dans certains Etats de la sécurité sociale, il convient de citer également cette Convention.

Elle fut préparée et signée en même temps que les Accords intérimaires et les complète en quelque sorte. Elle est assortie d'un Protocole qui étend ses dispositions aux réfugiés tels que définis dans la Convention de Genève de 1951.

L'assistance sociale et médicale couvre toute assistance prévue par les lois et règlements édictés par chaque Etat contractant accordant aux personnes démunies de ressources suffisantes, des moyens d'existence et des prestations en espèces et en nature.

La Convention tend à supprimer les discriminations entre nationaux d'un Etat contractant et les nationaux d'autres Etats contractants légalement autorisés à résider sur son territoire. Elle contient des clauses relatives au rapatriement des malades et indigents et stipule qu' « une Partie contractante ne peut rapatrier un ressortissant d'une autre Partie contractante résidant en séjour régulier sur son territoire pour le seul motif que l'intéressé a besoin d'assistance ». Des dérogations, dans des cas très limités, sont toutefois prévues mais le recours au rapatriement n'est possible qu'avec la plus grande modération et lorsqu'il n'y a pas d'objection d'ordre humanitaire. L'Etat d'origine s'engage, de son côté, à recevoir chacun de ses ressortissants rapatriés.

La Convention et son Protocole sont des instruments ouverts aux Etats non membres du Conseil de l'Europe, sur invitation du Comité des ministres.

La Convention est ratifiée par les Etats suivants : Belgique, Danemark, France, Allemagne, Grèce, Irlande, Islande, Italie, Luxembourg, Malte, Pays-Bas, Norvège, Portugal, Espagne, Suède, Turquie, Royaume-Uni. Tous ces Etats, à l'exception de Malte, ont également ratifié le Protocole.

F) *Les recommandations.* — En matière de coordination des législations nationales, existent d'autres instruments de caractère moins contraignant que ceux mentionnés ci-dessus :

— *La Recommandation R (79) 7* concernant l'accélération de la procédure de liquidation des pensions en cas de carrière mixte contient des propositions en faveur des Parties contractantes à la Convention européenne de sécurité sociale de même que pour les Etats qui ne le sont pas. En outre, elle prévoit des mesures de caractère général, telles que l'utilisation d'une carte européenne d'identification de sécurité sociale conformément au modèle annexé à la Recommandation. *La Recommandation R (86) 4* pour l'utilisation d'un formulaire européen uniforme pour l'octroi des soins médicaux aux personnes en séjour temporaire à l'étranger invite les gouvernements dans leurs relations bi- ou multilatérales en ce qui concerne l'octroi des soins médicaux, à utiliser un modèle d'attestation tel qu'il figure en annexe à la Recommandation. *La Recommandation R (90) 14* relative à la préparation d'une brochure d'information sur les droits et obligations en matière de sécurité sociale des travailleurs migrants et de leurs familles prévoit que les gouvernements préparent une brochure comportant dans une première partie une description générale du système national de la sécurité sociale de l'Etat concerné et dans une deuxième partie une description de la protection résultant des divers instruments internationaux de coordination de sécurité sociale entre l'Etat concerné et le pays du travailleur migrant. *La Recommandation R (91) 3* sur la protection par la sécurité sociale des travailleurs détachés précise les notions de détachement, de pays d'envoi et de pays de détachement ainsi que de sécurité sociale. Elle recommande tant sur le plan du droit national des pays d'envoi que sur le plan du droit international certains principes. Ces principes concernent, notamment, la durée du détachement, le remplacement du travailleur détaché, le retour temporaire du travailleur détaché, la législation applicable, la protection accordée.

5. **La Convention nordique et autres conventions multilatérales.** — Les Etats nordiques, Danemark, Islande, Finlande, Norvège et Suède ont conclu, dès 1955, une Convention de coordination de leurs régimes de sécurité sociale qui se substituait aux accords bilatéraux antérieurs. Cet instrument multilatéral de coordination est entré en vigueur le 1er novembre 1956 et a été complété puis modifié depuis à plusieurs reprises.

Cette Convention se caractérise par un champ d'application personnel élargi à toute personne soumise à la législation d'une Partie contractante. Toutefois, la coordination pour les prestations à long terme d'invalidité, de vieillesse et de survivants est limitée aux ressortissants des Etats membres.

D'autres instruments multilatéraux coordonnent les législations de différents Etats. On citera sans être exhaustif : l'accord quadripartite (République fédérale d'Allemagne, Autriche, Liechtenstein, Suisse) du 9 décembre 1977 complété par une Convention du 8 octobre 1982. Pour l'Amérique latine ; la Convention de sécurité sociale du 14 octobre 1967 entre les Etats membres de l'organisation des Etats d'Amérique centrale ; l'instrument de sécurité sociale du pacte andin du 17 février 1977 (Bolivie, Colombie, Pérou, Equateur et Venezuela) ; les Conventions ibéro-américaines de sécurité sociale et de coopération en matière de sécurité sociale du 26 janvier 1978 ; et pour l'Afrique, la Convention de sécurité sociale du 29 janvier 1971 entre les Etats de l'organisation africaine, malgache et mauricienne (OCAMM) ; enfin pour les pays arabes, la Convention arabe de 1981 concernant le droit à la sécurité sociale pour les travailleurs se déplaçant d'un pays arabe à un autre (OAT).

6. **Autres accords multilatéraux comportant des dispositions de sécurité sociale.** — Certains accords internationaux multilatéraux n'ont pas pour unique objet la sécurité sociale, mais ils peuvent comporter des dispositions dans ce domaine. On citera, à titre d'exemples :

A) *Les accords de coopération entre la Communauté européenne et des Etats tiers.* — La Communauté européenne a conclu des accords avec des pays tiers qui n'ont pas pour objet exclusif la sécurité sociale. Ces accords concernent essentiellement des pays du pourtour méditerranéen : Turquie, Maghreb et Yougoslavie[1].

Ces accords imposent dans le domaine de la sécurité sociale la non-discrimination entre les travailleurs migrants originaires de ces Etats et les ressortissants des pays membres de la CEE dans lesquels ils exercent

1. Cf. en annexe la liste de ces accords.

une activité professionnelle. C'est ainsi que les travailleurs de nationalité algérienne, par exemple, bénéficient de la totalisation des périodes d'assurance, d'emploi ou de résidence accomplies dans les différents Etats membres de la Communauté européenne pour ce qui concerne les pensions et rentes de vieillesse, de décès et d'invalidité ainsi que des soins médicaux pour eux-mêmes et leur famille résidant à l'intérieur de la Communauté.

Ils bénéficient, en outre, du libre transfert des prestations à long terme (pensions, rentes de vieillesse, d'invalidité, rentes d'accidents du travail ou de maladie professionnelle) acquises au titre de la législation d'un ou de plusieurs Etats membres.

Ces accords ont eu récemment une incidence pour l'application de la législation française relative à l'allocation supplémentaire du Fonds national de solidarité (FNS). Se fondant sur l'article 39 de l'accord de coopération entre l'Algérie et la CEE, approuvé par le Règlement CEE n° 2210/78 du 26 septembre 1978, la Cour de cassation française a accordé à un ressortissant algérien, résidant en France, l'allocation supplémentaire du FNS en complément d'une pension d'invalidité acquise au titre de la législation française, bien qu'il n'existât pas d'accord de réciprocité entre la France et l'Algérie pour le service de l'allocation supplémentaire du FNS (arrêt Cass. soc., 7 mai 1991, Mazari c/ CPAM de Grenoble).

B) *Les Conventions de Vienne sur les relations diplomatiques et consulaires.* — En application des dispositions des Conventions des 18 avril 1961 et 24 avril 1963, sont dispensés d'assujettissement aux législations de sécurité sociale en vigueur dans l'Etat de résidence, les ressortissants de l'un des Etats contractants employés par le gouvernement de cet Etat sur le territoire d'une autre Partie contractante.

Annexe

I. — Conventions bilatérales de sécurité sociale conclues par la France

PAYS	DATE DE SIGNATURE	DATE D'ENTREE EN VIGUEUR
Algérie	01-10-80	01-02-82
Principauté d'Andorre (Arrangement général) (2)	09-06-70	10-06-70
Autriche	28-05-71	01-11-72
Bénin	06-11-79	01-09-81
Cameroun	05-11-90	01-03-92
Canada	09-02-79	01-03-81
Cap Vert	15-01-80	01-04-83
Congo	11-02-87	01-06-88
Côte d'Ivoire	16-01-85	01-01-87
Etats-Unis d'Amérique (3)	02-03-87	01-07-88
Gabon	02-10-80	01-02-83
Royaume-Uni de Grande Bretagne et d'Irlande du Nord (1)	10-07-56	01-05-58
Israël	17-12-65	01-10-66
Madagascar	08-05-67	01-03-68
Mali	12-06-79	01-06-83
Maroc	09-07-65	01-01-67
Mauritaine	22-07-65	01-02-67
Monaco	28-02-52	01-04-54
Niger	28-03-73	01-11-74
Norvège	30-09-54	01-07-56
Philippines (8)	07-02-90	
Pologne	09-06-48	01-03-49
Québec (Entente)	12-02-79	01-11-81
Roumanie	16-12-76	01-02-78
Saint-Marin	12-07-49	01-01-51
Sénégal (4)	29-03-74	01-09-76
Suède	12-12-79	01-08-81
Suisse (5)	03-07-75	01-11-76
Tchécoslovaquie (6)	12-10-48	01-07-49
Togo	07-12-71	01-07-73
Tunisie	17-12-65	01-09-66
Turquie	20-01-72	01-08-73
Yougoslavie (7)	05-01-50	01-04-51

(1) Les conventions conclues avec les Etats membres de la CEE ont été remplacées par les Règlements 3 et 4 à compter du 1er janvier 1959, puis par les Règlements 1408/71 et 574/72 à compter du 1er octobre 1972 pour les six Etats membres originaires, le 1er avril 1973 pour le Danemark, l'Irlande et le Royaume-Uni, le 1er janvier 1981 pour la Grèce et le 1er janvier 1986 pour l'Espagne et le Portugal. La convention du 10 juillet 1956 entre la France et le Royaume-Uni de Grande-Bretagne reste, toutefois, applicable aux îles de Jersey, Guernesey, Aurigny, Herm et Jethou qui ne sont pas comprises dans le territoire communautaire.

(2) Cet arrangement qui n'a pas fait l'objet d'une insertion au *Journal officiel* a été rendu applicable par une lettre-circulaire du ministère chargé de la sécurité sociale.

(3) Le nouvel accord de sécurité sociale conclu le 2 mars 1987 entre les Etats-Unis d'Amérique et la France couvre les prestations d'invalidité, de vieillesse et de survivants. Il n'affecte pas l'échange de lettres des 10 et 24 mai 1968 qui a pris effet le 1er juin 1968.

(4) Cette convention abroge celle du 6 mars 1965.

(5) Cette convention abroge celle du 9 juillet 1949.

(6) Cette convention a été modifiée par un avenant du 17 octobre 1967 entré en vigueur le 1er février 1970.

(7) Cette convention a été modifiée par un avenant du 8 février 1966 (entré en vigueur le 7 février 1967) et par avenants des 13 février 1969, 31 janvier 1973 et 30 octobre 1974.

(8) Cet accord a été ratifié par la France le 1er juillet 1992, mais il n'a pas encore été ratifié par les Philippines. Il ne peut donc entrer en vigueur.

NB. — A ces conventions bilatérales peuvent s'ajouter des accords limités à la sécurité sociale des étudiants ou des volontaires du développement.

II. — Instruments multilatéraux ratifiés par la France [1]

Conventions internationales spécifiques à la protection des étrangers et des migrants de l'Organisation Internationale du travail

	Date d'entrée en vigueur initiale	Date d'enregistrement de la ratification par la France
N° 19 sur l'égalité de traitement (accidents du travail) du 5 juin 1925	08.09.1926	04.04.1928
N° 97 sur les travailleurs migrants (révisée) du 1er juillet 1949	22.01.1952	29.03.1954 (non compris annexe 2)
N° 102 concernant la sécurité sociale (norme minimum) du 28 juin 1952	27.04.1955	14.06.1974 (ratification partielle)
N° 118 sur l'égalité de traitement (Sécurité sociale) du 28 juin 1962	25.04.1964	13.05.1974 (ratification partielle)
N° 156 sur l'égalité des chances et de traitement pour les travailleurs des deux sexes	11.08.1983	16.03.1989
Conseil de l'Europe		
- Accords intérimaires européens du 11 décembre 1953	01.01.1958	18.12.1957
- Protocoles additionnels auxdits accords relatifs aux réfugiés du 11 décembre 1953	01.01.1958	18.12.1957 levée de la réserve initiale faite au sujet du régime de Sécurité sociale des étudiants au 01.10.1962
- Charte sociale européenne du 18 octobre 1961	26.11.1965	09.03.1973
- Code Européen de sécurité sociale du 16 avril 1964		17.02.1986

(1) La liste n'est pas exhaustive.

Autres accords multilatéraux

- Convention européenne concernant la sécurité sociale des travailleurs des transports internationaux du 9 juillet 1956	01.06.1959	10.04.1959
Arrangement administratif du 10 janvier 1959		
- Convention de VIENNE sur les relations diplomatiques du 18 avril 1961	30.01.1971	31.12.1970
- Convention de VIENNE sur les relations consulaires du 24 avril 1963	19.03.1967	31.12.1978

Accords concernant la Sécurité sociale des bateliers rhénans :

- Accord révisé du 30 novembre 1979 ([1])	01.12.1987	21.12.1984
Arrangement administratif du 26 novembre 1987 portant application de l'accord du 30 novembre 1979	01.12.1987	

Accords de coopération de la Communauté économique européenne avec :

La TURQUIE (Règlement CEE n° 2760/72) du 19 décembre 1972)

L'ALGERIE (Règlement CEE n° 2210/78 du 26 septembre 1978)

Le MAROC (Règlement CEE n° 2211/78 du 26 septembre 1978)

La TUNISIE (Règlement CEE n° 2212/78 du 26 septembre 1978)

La YOUGOSLAVIE (Règlement CEE n° 314/83 du 24 janvier 1983 non en vigueur)

([1]) Abroge et remplace les accords des 27 juillet 1950 et 13 février 1961.

Chapitre IV

LES INSTRUMENTS PARTICULIERS : ACCORDS DE SIÈGE ET ACCORDS SPÉCIALISÉS

I. — **Les accords de siège**

Les organisations internationales ont leur siège sur le territoire de différents Etats. En conséquence, les législations de sécurité sociale de ces Etats devraient s'appliquer au personnel employé par ces organisations en raison du principe de territorialité. Toutefois, ces grandes organisations possèdent, dans de nombreux cas, un régime de sécurité sociale qui assure la protection du personnel titulaire, mais qui peut ne pas couvrir tous les risques et les personnels non titulaires.

Dans les cas où ces organisations internationales disposent d'un régime propre, il est indispensable de conclure des accords avec les autorités compétentes de l'Etat du siège pour éviter soit un conflit de lois, soit un double assujettissement, soit l'absence de protection sociale dans certaines branches.

Ces accords dénommés « accords de siège » vont régler ces problèmes. Les techniques utilisées dans ces accords de siège ne diffèrent pas fondamentalement de celles utilisées dans les instruments bilatéraux, même s'il existe une grande diversité de situations dans ces accords.

Les accords entre le gouvernement français et les organisations internationales dont le siège est situé sur le territoire de la République comportent donc des dispositions exorbitantes du droit français, dérogation au principe de la territorialité, notamment. Ces organisations sont fort nombreuses : l'Organisation du traité de l'Atlantique Nord, l'Organisation de coopération et de développement économique, l'Organisation des Nations Unies pour l'éducation, la science et la culture, le Conseil de l'Europe, l'Union de l'Europe occidentale, l'Agence nationale européenne, l'Organisation de l'aviation civile internationale, le Laboratoire européen de biologie moléculaire, l'Office international des épizooties, l'Organisation européenne de télécommunications par satellite, l'Organisation européenne et méditerranéenne pour la protection des plantes, pour ne mentionner que les plus importantes.

On citera, à titre d'exemples, quelques dispositions de *trois* accords de siège.

1° *L'accord avec l'Organisation de coopération et de développement économique (OCDE).* — Un accord avait été signé dès l'origine en 1949. Il est remplacé par l'accord du 24 septembre 1991 et l'arrangement administratif pris pour son application. Cet accord entre en vigueur au 1er janvier 1993.

Il prévoit les modalités de dispense d'assujettissement à la législation française de sécurité sociale pour le personnel qui relève du régime propre à cette organisation. Compte tenu du statut du personnel propre à l'organisation, l'accord distingue quatre catégories d'agents employés par l'OCDE :

— Les agents de l'OCDE qui ont opté pour le régime propre à l'organisation et qui sont donc exclus de la législation française de sécurité sociale pour l'ensemble des branches.

— Les auxiliaires de l'OCDE et les employés de l'OCDE qui sont soumis à l'ensemble de la législation française de sécurité sociale et affiliés au régime général des travailleurs salariés dans les conditions de droit commun ainsi qu'au régime français d'assurance chômage. Les employés de l'OCDE sont en outre affiliés à un régime de retraite complémentaire conformément à la législation française.

— Les consultants salariés de l'OCDE qui sont soumis à la législation française de sécurité sociale et affiliés au régime général pour certains risques selon la durée de leur engagement. Quelle que soit la durée de leur engagement les consultants sont soumis à la législation française pour les risques maladie, maternité, invalidité et décès, et accidents du travail et maladies professionnelles), et quand la durée cumulée de leur engagement est supérieure à trois mois pendant une période consécutive de douze mois ils sont en outre soumis à l'assurance veuvage et vieillesse.

Pour les prestations familiales, les agents et les consultants bénéficient des prestations du régime propre à l'OCDE, néanmoins, dans certains cas, en application de la législation française qui est une législation de résidence, un complément différentiel peut leur être servi conformément aux dispositions de l'article L 512.5 du Code de la sécurité sociale.

Les auxiliaires et les employés de l'OCDE sont soumis à la législation française et bénéficient donc des prestations familiales selon les dispositions applicables en la matière.

2° *L'accord du 29 août 1973 avec l'Organisation des Nations Unies pour l'éducation, la science et la culture (Unesco).* — Le personnel est classé en deux catégories : le personnel titulaire ou permanent et le personnel temporaire.

Le personnel permanent est le personnel employé à durée indéterminée ou pour une durée supérieure à un an. Ce personnel permanent bénéficie du régime de prévoyance sociale des Nations Unies ; il n'est donc pas soumis à la législation française. Le personnel permanent de nationalité française, ou ressortissant d'un Etat membre de la Communauté européenne ou d'un Etat lié à la France par un accord de sécurité sociale peut demander son admission à l'assurance volontaire pour le risque vieillesse, et bénéficier ainsi d'un cumul de prestations de vieillesse.

Le personnel temporaire est soumis à la législation française de sécurité sociale et affilié au régime général des travailleurs salariés.

3° *Accord du 21 décembre 1959 avec le Conseil de l'Europe.* — Cet accord conclu le 21 décembre 1959 a été modifié par échange de lettres du 7 novembre 1972. Il distingue les agents permanents et le personnel temporaire, selon les termes mêmes du statut du personnel de cette organisation internationale.

1 / Les agents permanents : Les agents permanents du Conseil de l'Europe ne sont que partiellement soumis à la législation française de sécurité sociale. Ils sont ainsi assujettis à la législation française de sécurité sociale pour les soins médicaux (prestations en nature de l'assurance maladie) et pour les risques accidents du travail et maladies professionnelles. En revanche, pour les prestations familiales et pour les risques invalidité et vieillesse, ils bénéficient du régime propre au Conseil de l'Europe. Le régime de retraite des agents permanents est entré en vigueur le 1er janvier 1967.

Les agents permanents pouvaient, jusqu'à cette date cotiser volontairement au régime français d'assurance vieillesse. Cette faculté a pris fin après l'entrée en vigueur du régime propre de retraite du Conseil de l'Europe. Si, à l'issue de leur carrière au Conseil de l'Europe les services accomplis ne leur ouvrent pas droit à une prestation de l'organisation, les agents permanents ont la faculté de demander au régime obligatoire français de l'assurance vieillesse le rachat des cotisations correspondant à la durée de leurs fonctions au sein du Conseil de l'Europe.

2 / Les agents temporaires : Les agents temporaires sont soumis à la législation française de sécurité sociale. Toutefois, les personnels temporaires ne bénéficient pas des prestations familiales françaises, mais ils perçoivent les prestations du régime propre au Conseil de l'Europe. Une allocation différentielle peut, le cas échéant, leur être servie par le régime français. Enfin les interprètes de conférence indépendants peuvent cotiser volontairement au régime d'assurance vieillesse français.

Ces exemples illustrent parfaitement la grande diversité qui existe en matière d'accords internationaux de sécurité sociale, la volonté des Parties contractantes déterminant le champ d'application personnel et matériel de l'accord en fonction des besoins propres à chaque organisation internationale.

II. — Les accords spécialisés

1. **Les accords concernant la sécurité sociale des bateliers rhénans.** — Ces accords appartiennent à la catégorie des traités multilatéraux. Toutefois, ils sont qualifiés d'accords spécialisés parce qu'ils ont vocation à apporter des solutions à des professions particulières.

L'accord concernant la sécurité sociale des bateliers rhénans a été conclu le 27 juillet 1950, il est donc fort ancien et il a été révisé à deux reprises. Le dernier accord a été signé le 24 septembre 1980 par la France et est entré en vigueur le 1er décembre 1987 après sa ratification en 1984[1].

Le nouvel accord concerne désormais toutes les personnes qui ont été ou sont soumises, en qualité de bateliers rhénans, à la législation d'une ou de plusieurs Parties contractantes ainsi que les membres de leur famille et leurs survivants.

1. Cet accord est applicable aux bateliers rhénans des Etats suivants : Allemagne, Belgique, France, Luxembourg, Pays-Bas, Suisse.

Le batelier rhénan est un travailleur salarié ou non salarié qui exerce son activité professionnelle en qualité de travailleur migrant, à bord d'un bâtiment utilisé commercialement à la navigation du Rhin et muni du certificat prévu à l'article 22 de la convention révisée pour la navigation du Rhin du 17 octobre 1868.

Le champ d'application matériel de l'accord couvre l'ensemble des branches de la sécurité sociale, y compris le chômage. Les prestations familiales, selon le cas, sont servies au titre de la législation applicable au batelier ou de la législation du pays de résidence de la famille.

Cet accord que l'on peut qualifier d'accord-cadre, présente une grande souplesse d'application. Certaines dispositions peuvent faire l'objet de modalités complémentaires conclues après entente entre deux Parties, ou être remplacées par un autre instrument dès lors que ses dispositions ne sont pas moins favorables que celles de l'accord.

Les dispositions de cet accord reprennent les principes de coordination évoqués ci-dessus. Le batelier rhénan ne doit, en principe, être soumis qu'à la législation d'une seule Partie. Cette législation est celle de la partie où se trouve suivant le cas, soit le siège de l'entreprise dont relève le bâtiment à bord duquel le batelier exerce son activité, soit le siège de sa propre entreprise lorsqu'il s'agit d'un batelier rhénan qui exploite son propre bateau.

Lorsque l'entreprise concernée n'a pas de siège sur le territoire d'une Partie contractante, la législation applicable est :

— pour le batelier salarié, celle de la Partie contractante sur le territoire de laquelle se trouve la succursale de l'entreprise ;
— pour le non-salarié, celle de la Partie contractante sur le territoire de laquelle se trouve le lieu d'immatriculation ou le port d'attache dudit bateau.

L'accord est mis en œuvre par les institutions compétentes des Parties contractantes. Toutefois, existe un Centre administratif de sécurité sociale pour les bateliers rhénans, au siège de la Commission centrale pour la navigation du Rhin à Strasbourg. Ce centre apporte son aide aux bateliers et aux membres de leur famille en intervenant auprès des organismes compétents de chaque Partie contractante.

2. **L'accord européen concernant la sécurité sociale des bateliers de la navigation intérieure.** — La Conférence de Strasbourg, chargée de l'adoption d'un accord européen concernant la sécurité sociale des bateliers de la navigation intérieure, a conclu positivement ses travaux en mars 1993.

Cet accord européen tend à étendre la protection sociale des bateliers qui sont amenés à se déplacer dans les différents pays situés dans le bassin rhénan et danubien, ce qu'autorise l'achèvement de la liaison Rhin-Main-Danube depuis 1992.

L'accord adopté bénéficie des améliorations intervenues sur le plan de la coordination internationale tant par l'accord rhénan concernant les bateliers que des Règlements communautaires ou de la Convention européenne de sécurité sociale du Conseil de l'Europe. La participation des pays de l'Europe centrale et orientale (Hongrie, Moldavie, Slovénie, Ukraine, Lituanie et Fédération de Russie) marque la volonté de ces Etats de se rapprocher des normes de sécurité sociale admises dans les Etats de l'Europe de l'Ouest.

3. **La Convention européenne de sécurité sociale des travailleurs des transports internationaux du 9 juillet 1956.** — Une Convention spéciale était nécessaire pour résoudre les problèmes posés par des salariés qui, en raison de leur activité professionnelle, sont appelés à se déplacer en permanence dans différents Etats.

Cette Convention a été conclue le 5 juillet 1956 à Genève. Elle est ouverte à la ratification des Etats membres européens de l'OIT et à l'adhésion de tout autre Etat européen. La France l'a ratifiée le 10 avril 1959. Elle est applicable à la Belgique, l'Italie, le Luxembourg, les Pays-Bas, la Pologne et la Turquie.

La législation applicable est celle du siège de l'entreprise. Le principe admet deux dérogations donnant compétence à la législation du pays d'emploi :

— lorsque le travailleur est occupé sur le territoire d'un des Etats contractants dans une succursale ;
— lorsque le travailleur réside et se trouve occupé de façon permanente et exclusive sur le territoire d'une des Parties contractantes.

Le champ d'application matériel de la convention est limité aux prestations à court terme (maladie, maternité, décès). Dans le cadre des relations entre la France et le Benelux, à l'exception de la Belgique, ce sont les Règlements communautaires qui s'appliquent et se substituent ainsi aux dispositions de cette Convention.

Chapitre V

VERS UN ESPACE SOCIAL EUROPÉEN

I. — L'accord sur l'espace économique européen

L'Europe sociale n'existe pas encore, elle est à construire. Cette constatation ne signifie pas, pour autant, que cette construction n'est pas en cours. En effet, l'existence d'un marché unique regroupant, au 1er janvier 1993, plus de 320 millions d'habitants implique un minimum d'harmonisation et de convergence des législations sociales dans les Etats membres, condition nécessaire à la mise en œuvre effective de la libre circulation des travailleurs et à la construction d'un espace sans frontière.

Si à l'origine, le traité de Rome privilégiait l'intégration économique, l'adoption de l'Acte unique européen en 1987 et la signature de la Charte communautaire des droits sociaux fondamentaux en 1989 (par 11 Etats sur 12, le Royaume-Uni de Grande-Bretagne s'étant abstenu) expriment la volonté de la majorité des Etats membres de la Communauté de réaliser une Europe sociale. Le traité d'Union européenne et l'accord sur la politique sociale doivent permettre de poursuivre la construction de l'Europe sociale, qui reste une Europe à 11 puisque le Royaume-Uni de Grande-Bretagne n'a pas adopté la partie sociale du traité de Maastricht. Le Protocole n'apporte pas, toutefois, de progrès décisifs pour la sécurité sociale. Certes, il assigne aux Etats membres et à la Commission un objectif de « protection sociale adéquate », mais la protection sociale n'est pas individualisée. Elle reste agrégée aux dispositions relatives aux travailleurs et c'est un domaine où le Conseil statue à l'unanimité sur proposition de la Commission.

Un pas décisif pour un nouveau développement de la coopération internationale en matière de sécurité sociale a été franchi en 1992. En effet, un accord sur l'Espace économique européen, signé à Porto le 2 mai 1992, fondé sur l'article 238 du traité de Rome, a été conclu entre la Communauté européenne et les pays membres de l'AELE[1] (Autriche, Finlande, Islande, Liechtenstein, Norvège, Suède et Suisse). Il a pour but de créer un espace où sera mise en œuvre la libre circulation des marchandises, des personnes, des services et des capitaux et où seront menées quelques politiques d'accompagnement.

L'accord comporte neuf parties. La partie I fixe les objectifs de l'accord, les parties II à V organisent la mise en œuvre des quatre libertés ci-dessus citées. La partie VI prévoit une coopération en dehors des libertés précitées. La partie VII concerne le mécanisme juridictionnel et les deux dernières parties portent sur les aspects financiers et les dispositions générales et finales. A l'accord sont annexés 49 protocoles.

Cet instrument va au-delà d'un accord de libre-échange puisqu'il contient des dispositions relatives à la libre circulation des personnes, des services, des capitaux directement inspirées de celles du traité de Rome.

La création de l'espace économique européen, pour ce qui concerne la sécurité sociale, se traduit par l'extension aux Etats de l'AELE qui sont parties et à leurs

1. AELE : Association européenne de libre-échange.

ressortissants de l'acquis communautaire constitué d'une part, du Règlement CEE n° 1612/68 relatif à la libre circulation des travailleurs (essentiellement de l'article 7, § 2 sur les avantages sociaux) et d'autre part, des Règlements CEE n°s 1408/71 et 574/72 relatifs à l'application des régimes de sécurité sociale aux travailleurs salariés et non salariés et aux membres de leur famille qui se déplacent à l'intérieur de la Communauté[1].

Les décisions de la Commission administrative (visée à l'article 80 du Règlement CEE n° 1408/71) et les décisions de la Cour de justice des communautés européennes tant sur les règlements de sécurité sociale que sur le traité de Rome s'appliquent dans le cadre de l'accord sur l'espace économique européen.

Cet accord permet d'améliorer de façon substantielle la situation des travailleurs occupés dans les pays parties au traité, car il unifie pour 19 Etats les règles de coordination des régimes de sécurité sociale. Le refus de participation de la Suisse amoindrit, néanmoins, les avantages du traité, notamment pour les pays frontaliers.

La coopération internationale en Europe en matière de sécurité sociale se développe donc. Certes on est encore très éloigné d'un système unique, mais par petites étapes, l'idée de convergence progresse, la concertation permanente entre les Etats européens favorisera le rapprochement des systèmes. L'ouverture des pays d'Europe de l'Est est un atout supplémentaire à la construction d'un grand espace social européen. Cette coopération internationale trouve encore une plus grande dimension territoriale dans le cadre de la coopération en matière de protection sociale au sein du Conseil de l'Europe qui regroupe désormais

1. Sous réserve de quelques modalités particulières mentionnées en annexe à l'accord.

32 Etats membres sans mentionner les Etats qui ont le statut d'observateur. Ces Etats peuvent en effet s'inspirer des instruments du Conseil de l'Europe en matière de sécurité sociale.

II. — Coopération avec les pays d'Europe centrale et de l'Est : l'exemple du Conseil de l'Europe

Le processus de démocratisation dans les pays d'Europe centrale et orientale et la transformation de leurs systèmes d'économie planifiée en économie de marché n'a pas été sans répercussion sur leurs systèmes de protection sociale et sur leurs relations en matière de sécurité sociale en particulier.

Les diverses organisations internationales et les Communautés européennes ont toutes des programmes en faveur de la coopération avec les pays de l'Est dans le cadre desquels la coopération et l'assistance en matière de sécurité sociale jouent un rôle plus ou moins grand.

Ces programmes de coopération et d'assistance au sein du Conseil de l'Europe s'orientent autour de trois grands axes :

— promotion de l'information, du dialogue politique et d'une meilleure connaissance réciproque ;
— coopération et assistance ;
— intégration.

Les pays bénéficiaires des programmes sont : les Etats d'Europe centrale et orientale membres du Conseil de l'Europe (Bulgarie, Estonie, Hongrie, Lituanie, Pologne, République tchèque, République slovaque, Roumanie et Slovénie), les Etats d'Europe centrale et orientale non membres (Albanie, Croatie, Lettonie) et des Républiques issues de l'ex-Union soviétique.

Dès la mise en œuvre des programmes de coopération et d'assistance du Conseil de l'Europe avec les pays d'Europe centrale et de l'Est, une attention particulière a été accordée aux projets en matière de sécurité sociale. En effet, les projets réalisés dans ce domaine ont poursuivi plusieurs objectifs, à savoir : l'information sur les instruments du Conseil de l'Europe en matière de sécurité sociale et les divers systèmes nationaux de sécurité sociale, la consultation juridique, la rédaction de dispositions modèles permettant d'être utilisées par les Etats de l'Est dans le cadre de l'élaboration de leur législation nationale de protection sociale et la formation des experts en matière de sécurité sociale.

Les projets d'information ont principalement eu pour objet de présenter des instruments normatifs (le Code européen de sécurité sociale et son Protocole, et le Code européen de sécurité sociale (révisé)), les instruments de coordination (les accords intérimaires et la Convention européenne de sécurité sociale), ainsi que les recommandations traitant des aspects spécifiques en matière de sécurité sociale. La présentation de ces instruments a été illustrée par des références à des législations nationales. Les projets d'information ont été effectués à l'attention d'un seul Etat (par ex. Bulgarie, Hongrie, Tchécoslovaquie, Pologne) ou à l'attention de plusieurs Etats (par ex. les séminaires de Vienne ont eu pour objectif de présenter les instruments de coordination aux experts de plusieurs Etats de l'Est).

La consultation juridique se propose de permettre aux gouvernements des pays d'Europe centrale et de l'Est, d'obtenir un avis formulé par les experts (gouvernementaux ou indépendants) du Conseil de l'Europe sur la rédaction de leur législation nationale. Cet avis, dans sa formulation, tient compte des normes fixées par les instruments du Conseil de l'Europe. De telles consultations ont été effectuées en faveur de l'ancienne Tchécoslovaquie, de la Lituanie, de l'Albanie et sont en cours pour certains Etats (Bulgarie, Roumanie et la Fédération de Russie).

Des séminaires, réunissant des délégations de pays d'Europe centrale et orientale, et composées d'experts gouvernementaux, de syndicalistes et de parlementaires, ont été organisés dans le but de préparer des dispositions modèles pouvant être utilisées pour la rédaction des législations nationales. Ces dispositions modèles ont été élaborées en prenant en considération la situation socio-politico-économique des pays participants, les projets de législation en préparation, les législations en cours ainsi que les instruments normatifs internationaux du Conseil de l'Europe. Elles concernent les neuf branches classiques de la sécurité sociale.

Le Secrétariat du Conseil de l'Europe organise depuis plusieurs années des cours de formation en matière de sécurité sociale à l'attention des experts des Etats membres et des observateurs. Les cours portent généralement sur les divers aspects du droit international de la sécurité sociale : la coordination des législations nationales, les modalités de conservation des droits et de calcul des prestations dans la Convention européenne de sécurité sociale et autres instruments de coordination, l'égalité de traitement entre nationaux et non-nationaux en matière de sécurité sociale, le droit de la sécurité sociale de la Communauté européenne, l'interprétation des instruments de coordination de sécurité sociale, les procédures de règlement en cas de différends. Sont également traités, les régimes de sécurité sociale des Etats membres du Conseil de l'Europe, les modes de financement des systèmes de sécurité sociale, les modes et les critères de calcul des prestations par groupes de prestations dans le régime général et les grands régimes spéciaux. Dans le cadre de la coopération, les experts des pays d'Europe centrale et de l'Est non membres du Conseil de l'Europe peuvent participer à ces cours.

En outre, en 1993, pour la première fois, un séminaire-cours a été organisé dans un Etat à l'époque non membre (Roumanie), particulièrement destiné aux experts des pays d'Europe centrale et orientale. L'objectif principal de ce séminaire-cours a été l'analyse juridique des accords bilatéraux entre les Etats d'Europe centrale et de l'Est d'une part, et entre ces Etats et les autres Etats du Conseil de l'Europe d'autre part, ainsi que l'élaboration de principes fondamentaux devant figurer dans les accords bi- ou multilatéraux. L'importance de tels instruments est devenue de plus en plus grande à la lumière de l'ouverture des frontières et des flux migratoires qui en résultent. Enfin, l'adhésion de nombreux pays de l'Est au Conseil de l'Europe aura nécessairement une influence sur une éventuelle révision de la Convention européenne de sécurité sociale.

Compte tenu de l'infrastructure dont dispose le Conseil de l'Europe et du réseau d'experts auquel il peut avoir recours, la coopération et l'assistance technique que cette organisation a mises en place, peuvent contribuer à aider ces Etats à créer un système de sécurité sociale qui accorde une protection appropriée au cours des périodes de transition et qui constitue les fondements d'une protection suffisante et durable à long terme.

CONCLUSION

L'existence d'instruments internationaux de développement des législations de sécurité sociale et les progrès des techniques de coordination internationale ont beaucoup contribué à la progression de la protection sociale dans le monde et en particulier dans les Etats européens.

Si la coordination des législations nationales telle qu'elle est prévue par les Règlements communautaires et les accords les plus récents constitue un énorme progrès pour le maintien de la protection sociale des travailleurs migrants, la disparité des niveaux de prestations sociales demeure un obstacle à la mobilité des travailleurs et des membres de leurs familles. Elle peut aussi perturber fortement les marchés nationaux de l'emploi en incitant certains travailleurs à rechercher des prestations sociales plus avantageuses dans un Etat dans lequel la législation est plus développée. La différence de développement des systèmes de protection sociale peut, en effet, entraîner des transferts d'activité par des surenchères dommageables à la couverture sociale. Le danger existe donc, de récents exemples l'ont montré.

Le maintien des disparités actuelles ne peut que rendre la libre circulation des travailleurs plus difficile ainsi que la lutte contre le « tourisme social » et aggraver le risque d'une surenchère de dévaluations sociales.

L'harmonisation des législations, c'est-à-dire la réduction des différences des niveaux de développement de la protection sociale et des conséquences économiques qui peuvent en résulter, doit rester un objectif des politiques sociales même s'il peut apparaître irréaliste et utopique. Une telle harmonisation ne peut évidemment intervenir dans le court terme, mais les efforts doivent tendre à sa réalisation progressive. Pour la réalisation de cet objectif, les organisations internationales ont joué et jouent un rôle fondamental, il leur reste un long chemin à parcourir, tant pour contribuer à cette convergence que pour limiter une régression du niveau de protection sociale sous l'effet de la crise économique qui frappe particulièrement les Etats à économie développée. L'existence de normes internationales reconnues contribue à éviter cette régression et à réaliser la convergence des politiques de protection sociale.

BIBLIOGRAPHIE

Berenstein Alexandre, Le droit international de la sécurité sociale, extrait *Revue suisse des assurances sociales et de la prévoyance,* t. 33, 1989, fasc. 3.

Bonnet René, *Droit international de la sécurité sociale,* Paris, Editions techniques, Jurisclasseur, 1991.

Bonnet René et Catala Nicole, *Droit social européen,* Paris, Litec, 1991.

Burban Jean-Louis, *Le Conseil de l'Europe,* Paris, PUF, « Que sais-je? », n° 885.

Dupeyroux Jean-Jacques, *Droit de la sécurité sociale,* Paris, Dalloz, 1993.

Laroque Michel, Coordination et convergence des systèmes de sécurité sociale des Etats membres de la CEE, *Droit social,* n° 9-10, Paris, septembre 1993.

Lyon-Caen Gérard et Antoine, *Droit social international et européen,* Paris, Dalloz, 1992.

Perrin Guy, Le fondement du droit international de la sécurité sociale, *Droit social,* n° 12, Paris, 1974.

Perrin Guy, Un nouvel instrument multilatéral pour la protection des travailleurs migrants : la Convention européenne de sécurité sociale, *Revue belge de sécurité sociale,* Bruxelles, janvier 1979.

Prétot Xavier, *Le droit social européen,* Paris, PUF, « Que sais-je? », n° 2522.

Saint-Jours Yves, *Traité de sécurité sociale,* Paris, LGDJ, 1980.

Valticos Nicolas, *Droit international du travail,* 2e éd., Paris, Dalloz, 1983.

Van Raepenbusch Sean, *La sécurité sociale des personnes qui circulent à l'intérieur de la Communauté économique européenne,* Anvers, Story Scientia, 1991.

Villars Charles, *Le Code européen de sécurité sociale et le Protocole additionnel,* Genève, Georg, 1979.

Voirin Michel, La libre circulation des personnes entre les Etats membres de la CEE, implications pratiques pour les institutions de sécurité sociale, *Revue internationale de sécurité sociale,* 3/92, Genève.

Wiebringhaus Hans, Le droit à la sécurité sociale et la Charte sociale européenne, in *Le droit social à l'aube du XXIe siècle,* Mélanges Alexandre Berenstein, Lausanne, Payot, 1989, p. 355 et s.

Commission des communautés européennes, *Europe sociale 3/92 : sécurité sociale des personnes qui se déplacent à l'intérieur de la Communauté,* Bruxelles.

Conseil de l'Europe, *Travaux du Conseil de l'Europe dans le domaine de la sécurité sociale,* Ve Conférence des ministres européens responsable de la sécurité sociale, Strasbourg, 1992.

TABLE DES MATIÈRES

Imprimé en France
Imprimerie des Presses Universitaires de France
73, avenue Ronsard, 41100 Vendôme
Juillet 1994 — N° 40 275